一本书掌握财务思维

孙伟航 著

浙江大学出版社

图书在版编目（CIP）数据

　　一本书掌握财务思维 / 孙伟航著. —杭州：浙江
大学出版社，2020.11(2021.7 重印)
　　ISBN 978-7-308-20455-2

　　Ⅰ.①一… Ⅱ.①孙… Ⅲ.①财务管理 Ⅳ.
①F275

　　中国版本图书馆 CIP 数据核字(2020)第 145274 号

一本书掌握财务思维

孙伟航　著

策　　划	顾　翔
责任编辑	黄兆宁
封面设计	VIOLET
出版发行	浙江大学出版社
	（杭州市天目山路 148 号　邮政编码 310007）
	（网址：http://www.zjupress.com）
排　　版	杭州青翊图文设计有限公司
印　　刷	杭州钱江彩色印务有限公司
开　　本	710mm×1000mm　1/16
印　　张	14.75
字　　数	192 千
版 印 次	2020 年 11 月第 1 版　2021 年 7 月第 2 次印刷
书　　号	ISBN 978-7-308-20455-2
定　　价	49.00 元

序　言

说起财务，大家的印象要么是呆板，要么是神秘。我觉得，这些定义都不准确。财务应该是有趣的，如果要再加上一个词的话，那应该是实用。可以说，财务这门学科是应用最广，也是影响我们最深的。

说到影响，你可能会把财务和股市联系在一起，或者把财务和资本联系在一起，又或者把财务和税收联系在一起。但是，财务其实和我们的生活最为相关。不信？我问一个问题。

达·芬奇的《最后的晚餐》这幅画大家应该都熟悉吧。那你们知道这幅画为什么这么有名吗？

其实在达·芬奇创作这幅画之前以及在他之后，有无数的画家画过这个《圣经》里耶稣和十二门徒的故事，其中不乏一些著名的大家，如被尊为西方的主流绘画创始人的乔托·迪邦多内、米开朗基罗的老师基尔兰达约，以及现代绘画之父埃尔·格列柯，甚至还有提香，但为什么只有达·芬奇的这幅能被世人所知，还被评为世界十大名画之一呢？为了解释这个原因，出现了各种解密版本，为其增添了不少神秘色彩。有从学术方面去解释的，比如：画法的技巧和人物的排列的不同啦，还有它代表着文艺复兴的开始啦，来源于受众众多的基督教《圣经》故事啦……

其实，在这些理由之外，有一个很重要的因素，那就是这幅画第一次运用了会计学的理论，才使其呈现出了如此完美的风格。

是不是很惊讶？别急，要弄清缘由还得听我慢慢道来。

还记得达·芬奇是哪里人吗？

艺术之都意大利。

他开始创作这幅画的时候是 1494 年，正是公元 15 世纪。大家还记得这个时期历史上都发生了什么吗？——哥伦布发现了新大陆、拜占庭帝国灭亡、文艺复兴兴起，还有我们中国的紫禁城建成。

说起文艺复兴，意大利正是文艺复兴的中心。14 世纪中叶到 16 世纪，在欧洲的意大利兴起的文艺复兴，带来了一场科学与艺术的革命，这场革命一扫中世纪的黑暗，使经济得以复苏，并因此产生了资本主义的萌芽。如果你仔细看当时的地图，会发现在 14 世纪的欧洲，佛罗伦萨、威尼斯、热那亚，这三个城市刚好形成一个三角形，威尼斯和热那亚都是港口城市，而佛罗伦萨是内陆城市，却也是文艺复兴的心脏、手工业中心和银行业中心。这三个城市就是当时商人们聚集的贸易中心。

　　商人们聚集的地方往往就是经济发达的地方,商人们的往来贸易要核算、要记录,也就带动了簿记的发展。此时的簿记使用的还是单式记账法,而这三个城市都有着自成一派的簿记方法,在热那亚簿记和佛罗伦萨簿记的基础上衍生出了威尼斯簿记,也是当时最完整的记账方法。

　　我们的主人公在长达十几年的跟踪研究之后觉得,不行,这种叙事文式的记账方法太笨,不够简单明了,功能也不行。簿记上写着"隔壁老王借了3000金币",你看,单线记事,思维不够发散嘛,还容易说不清楚,于是我们的主人公就将其改进一番,形成了我们所熟知的复式记账法,提出了"借记"与"贷记",并为之著书立传,书名叫《算术、几何、比及比例概要》。

　　你别看这本书名字拗口,但其实是一本很厉害的书。这本书出版时,全城人抬着书稿游行、庆祝,简直是全城人民大联欢。这可是作者30年的心血结晶,他着重强调"作为一个精名的商人,绝对不可以不熟悉簿记"。你看,这个理念在5个世纪前就已经被提出了。这本书共五个部分,第三部分写的就是簿记,葛家澍老师将其翻译为《簿记论》。而这本传世之作的出版时间正是1494年。还记得前面提到的1494年发生了什么吗? 我们不妨回忆一下。

　　这本书的作者就是卢卡·帕乔利,他可是一个典型的传奇式全能型人才,没有他不会的,他一生中甚至还出版过关于魔方、牌技方面的书。讲了这么多,他跟达·芬奇画的《最后的晚餐》有什么关系呢?

　　这个关系就很深了,也影响了达·芬奇的一生。这里还涉及卢卡·帕乔利的另一个身份——达·芬奇的老师。大家都知道,达·芬奇可不仅仅是位画家,还是解剖学家、天文学家、数学家等,他涉猎广泛其实也是受到了他这位老师的影响。卢卡·帕乔利的魅力与才华足以让达·芬奇心甘情愿地自掏腰包为他老师的这本著作做宣传,并且还为老师的另一本书《神圣比例》画了60多幅插图。可以说,达·芬奇的《最后的晚餐》是达·芬奇和卢卡·帕乔利"共同"完成的,因为帕乔利为之提供了全程的"技术支持"。

卢卡·帕乔利在《簿记论》中从形式上明确了"两侧型账户"在借贷账项左右对照布局中的重要作用,也就是我们常常听到的那句"有借必有贷,借贷必相等"的原型。而这一点也成了启发达·芬奇对于这幅画的创作灵感之点——如何打破常规,并完美呈现这个故事?那就是"平衡"。

在此之前的关于耶稣与十二门徒的绘画作品或是将犹大单独画在一侧,将耶稣和其余人一起画在另一侧,或是将耶稣画在左边,让门徒们围成一个圈画在画面右边。但是,达·芬奇打破了这种表现手法,他将耶稣画在中间,十二门徒分列两边。不信你们可以找来这幅画仔细看看,你会发现这幅画的中心是耶稣的额头,他的十二门徒分列耶稣的两侧,与耶稣位于同一水平线上。你可以将画上下左右地对折,而交叉点就在耶稣的额头上。所以你们看,不管是上下还是左右,这幅画都体现了"平衡之美"。

卢卡·帕乔利开创的会计学中的平衡之术被达·芬奇运用在了艺术创作中,并因此留下了这幅世界名画。那么,会计的"平衡之美"还体现在哪里呢?

　　想一想，我们看到的资产负债表是不是就是对"平衡之美"的完美诠释?! 除了资产负债表，实际上财务就是围绕着"平衡"来讲述的。而这本书会围绕着税收筹划、风险与管理、财务报表的解读之法三个方面来讲述。

　　为什么是这三个方面?

　　在我十几年的从业生涯中，我发现大多数公司的故事都绕不开这三个方面。税筹、风控和报表，是大家天天挂在嘴边，却又总是因心存侥幸而栽跟头的地方。所以我选用了大量的案例，并结合生活中的例子，试图用最简单、最直白、最接地气的表述来让大家快速了解税收筹划、风险管理和财务报表之法。

　　本杰明·富兰克林有一句名言:"人的一生有两件事是不可避免的，一是死亡，一是纳税。"纳税是每个公民和企业的义务，与生俱来。世界银行联合普华永道会计师事务所发布的《2020 年世界纳税报告》介绍:2018 年，中国的总税收和缴费率为 59.2％。① 当然，我国从 2016 年开始一直在进行税制改革，也加快了减税降负的脚步。但现

---

　　① 《2020 年世界纳税报告》是世界银行发布的《2020 年营商环境报告》的子报告，由普华永道与世界银行联合发布。《2020 年世界纳税报告》衡量了全球 190 个经济体的中型民营企业在过去 15 年中税收营商环境的变迁，是对世界银行旗舰报告《营商环境报告》中"纳税"指标的详细解读。总税收和缴费率，用来衡量样本公司经营第二年负担的全部税费占其商业利润的份额。样本公司负担的税费总额包括企业所得税、由雇主承担的社会保险及住房公积金部分、土地增值税、房产税等，不包括由公司扣缴但不负担的税费(例如个人所得税和由个人缴纳的社保部分、可转嫁的增值税等)。商业利润是税前净利，即企业负担所有税费前的利润。

实是,绝大部分人仍然感到税收的负担很重。其实,税收红利明明就在眼前,很多人却看不见。而找到适合自己的税收优惠,让自己的实际税负得到实质性减轻,就是税收筹划的目的了。

生活中,我们被无处不在的风险包围着。从一降生,我们的使命就是探索未知世界,而伴随着的就是未知世界的风险。同样地,一家企业从诞生那天起,就处于风险之中。风险就像达摩克利斯之剑,稍不留神,就能将你置于死地。有时候你视而不见的细小风险也能带来一场暴风雨。正如一只南美洲亚马孙河流域热带雨林中的蝴蝶,偶尔扇动几下翅膀,两周后就可能引起美国得克萨斯州的一场龙卷风一样。那么,怎样来识别风险并控制风险,怎样才能不被风险所吞噬? 又如何做才能享受政策红利,认清我们的真实状况呢? 这就体现出了报表的重要性。

报表能帮助我们认清自己,也能帮助我们了解企业;可以帮我们挑选出优质的公司,也可以帮我们找到最具竞争力的产品。但是,经过粉饰的报表往往会把我们带进坑里,看懂报表才能帮助我们躲过这些陷阱。

稻盛和夫说过:"不懂财务,不能成为真正的经营者。"

所以要做真正的经营者,就从学做税收筹划、风险管理,学习分析财务报表开始吧!

前　言

—

　　2019 年夏天的时候,晓夜校的发起人找到我说,想让我为学员们开一堂关于财税认知的课程,为大家讲一讲财税知识,培养一下大家的财务思维。他自己作为公司的经营者,时常感到具备财务思维的重要性。他在恰谈业务的时候,会随着本能或按着惯例去谈,但等到项目完成并反映为财务数据的时候,常常发现财务数据会和预期产生差距。这让他意识到现实的数据和财务报表的数据的差别。恰巧,这也是我在工作中常常遇到的情况。大多数企业家、管理者都能深切意识到财务思维的重要性,却往往因为受限于晦涩难懂的财务语言,而无法构建起财务思维。

　　面对大多数非财务专业出身的人员,要如何向他们说明白这些晦涩难懂的财务知识呢? 我想,不同的思考问题的角度会产生不同的影响,那么就让我们换位思考下,站在非财务专业人员的角度来看一下财务思维是如何产生影响的,我们生活中遇到的一些事情在财务上又有怎样的体现。我将试着用接地气的讲法,抛开烦人的会计核算,搭配生活中的实例,和大家一起揭开财务思维的面纱。

近几年,作为四大会计师事务所之一的普华永道会计师事务所都会联合世界银行发布一年一度的世界纳税报告,最新发布的 2020 年版对我国的税收和缴费情况有过一句这样的介绍:"2018 年度,中国的总税收和缴费率为 59.2%。"这些年我们越来越关注税收,而税收筹划被我们提起的频率也越来越高。经常有人问我什么是税收筹划,我想,总结起来可以概括成一句话来形容:"不少缴一分税,是为税收风险把控;不多缴一分税,是为税收筹划。"实际上,税收筹划并不是一味地少缴税。在本书中,我会帮助大家建立税收筹划的认知框架,提高思维能力。

从另一个角度来说,风险的把控和权衡也是我们不容忽视的因子。不要一往直"钱"(前),也要看看有没有"伪装者"。我会通过案例来和大家一起分析"潜伏"着的风险,并试着用财务思维的逻辑去思考业务的问题。

对于财务报表这门世界上通行的财务语言,它到底在告诉我们什么,我们又要如何读懂它呢?报表的使用者和报表的编报者是两个完全不同的角度,我会结合案例,和大家一起来看看报表中的"陷阱"通常都在哪里,又是怎么挖的,而我们又要如何躲过这些"陷阱"。

这便是这本书的三个主题——税收筹划、风险管理和财务报表解读。我希望能通过这本书帮助大家塑造财务认知的思维,塑造税收筹划的理念,识别出财报造假的通常手段,能帮助大家读懂财务报表的语言。

只有具备财务思维的人,才能敏锐地捕捉到数据背后的真相。

创业者会看到,不同的税收筹划,会给利润带来很大影响;管理者会看到,自己的企业正面临哪些财务风险,并在风险中发现机遇;投资者会看到,企业的财政是否存在猫腻,从而找到真正的好公司;财务工作者会看到,究竟从哪些方面入手可以提升自己的专业水平;保险公司会看到,企业是否存在问题,从而从源头上避免损失;广大散户会看到企业的真相,做好价值投资。

目　录

第14章

案例——从存贷双高看康美药业_208

分析到这里,基本可以肯定康美药业的财务报表真实性不高了,挖坑的地方也没跳出我们前面讲过的挖坑处。

引 言
人人都要有财务思维

—

财务自由的伪命题

前段时间我的一位朋友问我,要存够多少钱才能实现财务自由。这个问题算是问住我了,毕竟这需要经济学、金融学、心理学、社会学、医学等各方面的知识,甚至还要有预测的能力,并对对方的消费水平、身体状况、家庭情况非常了解才行。这还真是一个不好回答的问题。

于是我问道:"你准备过怎样的生活?"对方告诉我说:"就是每天晒晒太阳看看书,撸撸猫喝喝茶,再每年有两次旅游就行了。"我想了想说:"这要看你对物质的追求了。"对方没有得到她想要的答案,显然她是想让我告诉她一个具体的数字。然后朋友说有人给她做了一个理财规划,不激进,投资风险也低。只需 250 万元,按照这个理财规划,她从现在开始过她想要的生活,20 年后还可以得到 580 万元。

我也很好奇,毕竟人人都想实现财务自由嘛。于是我要过来了这个投资组合表,打算回家好好研究一番,是否可以给自己也来一份。

按她的生活标准每年至少得需要 10 万元的生活费支出,所以这 250 万元是这样分配的:10 万元生活费用,10 万元存了活期,每年收益增长 2%,100 万元购买了定息产品,每年收益增长 4%,130 万元购买了股票指数基金,每年收益增长 5%。这不就是货币时间价值嘛,3 项组合加起来 20 年后确实可以获得大约 580 万元(14.85 万+219.1 万+344.95 万=578.9 万)的收益,风险也不太大。

可是再一想,每年的生活费用在哪呢? 除了第 1 年留出的 10 万元生活费用以外,剩余的 240 万元可全用作了投资呀。还有每年的通货膨胀怎么办呢? 如果每年的通货膨胀率按 6%计算,每年 10 万元的生活费用支出的话,20 年的生活费用总支出可不是每年 10 万元乘以 20 年得出的 200 万元,现在的 10 万元经过通货膨胀的挤压将来可是要严重缩水的。

显然她忽视了通货膨胀对每年生活费用支出的影响。另外,如果每年的生活费用支出从投资收益中支取相应金额的话,也会使得投资减少,并因此减少了最终的收益。

我们都知道货币时间价值的神奇，这个例子也恰恰说明了这一点。看上去似乎可以实现财务自由，让人很心动，但是仔细一想，再多考虑一下，这离财务自由还远着呢！

当然这只是一个小小的例子，可能有不足之处，实务中也有着收益更高的投资组合。但是，财务自由这个"坑"很隐蔽，它会让你误以为从此就可以岁月静好，从此就可以只谈琴棋书画诗酒花了。但是生活有个行进的过程，社会是不断发展的，即使你的投资回报率超过你的需求增长率，我们也还需要考虑随时可能出现的风险。这就是财务认知。

由此我想到了企业，从企业管理的角度去看，我们所熟知的财务管理，不就是帮助企业获取持续盈利的能力吗？回头再看财务自由，这时你会明白——财务自由不是你需要有多少钱，而是你需要有持续不断的赚钱能力，以及可以随时变现的资产储备！

当你也开始鼓吹财务自由、岁月静好的时候，你的人生也就开始停摆了。管理企业，管理家庭，乃至管理我们的人生，都需要有这个财务认知。

再问大家一个小问题。假期里你和朋友乘飞机出门旅行，由于你对这趟旅行很是期待，于是就和朋友兴致勃勃地聊天，但你旁边的人很累非常想休息，却没办法打断你们，终于找到机会后他对你说道："如果你们都能让对方这一路闭嘴，就给你们两人 1000 元；如果你们任何一个人在中途发出了声音，就一分也得不到；但如果你自己能一路不说话，就给你 100 元。"

你会怎么选？是要两个人配合拿到 1000 元,还是保证自己做到而最终拿到 100 元呢？

我会保证自己做到然后拿到 100 元,因为你永远无法保证别人的行为,即使那是你很熟悉的人。

而且,即使是你自己,你就能保证自己总是能做出正确的抉择吗？

看不见的沉没成本

先别急着回答,答案先放一边。先考考你们,你们会烧开一壶水吗？

你肯定会说,这有什么难的,谁还不会烧开水呀！壶放炉子上,点上火就行了。可就是这么简单的问题,要如何科学地解决呢？你现在有水,有壶,有炉子,但问题是,你手里的柴只够烧开半壶水,你要怎么办？

有人会说,这好办,再去捡些柴回来就行了。还有人会说,捡柴太麻烦了,既然手里的柴只够烧开半壶水,那就倒掉半壶水吧,把剩下的水烧开就行。

看，一个烧开水的问题就有两种不同的选择。出去找柴是积极的方式，倒掉半壶水是消极的方式。积极的方式让你多花时间却可以得到一整壶烧开的水。而消极的方式虽然节省了时间却只得到了半壶的开水。那你会问了，这和财务思维有什么关系呢？

不知道你们有没有听说过一句谚语："别为打翻的牛奶哭泣。"这是句英国的谚语，没听说过也正常，那还有一句话叫"覆水难收"。泼出去的水和打翻的牛奶都很难再收回来，这在财务上就叫"沉没成本"。为了烧开水而出去找柴，这期间所花的时间就是沉没成本，而为了烧开半壶水而倒掉的那半壶水也是沉没成本。

再给大家说个故事。我有一个朋友，和她一起吃饭的时候，她说她曾买了一件外套 1000 元，然后过段时间发现降价到 500 元了，于是就又买了一件，她用这样的方法来降低每件衣服的成本，这样她每件衣服的成本就降为 750 元了。

你是不是觉得她太厉害了，很有财务观念呀！这不跟股市里的补仓一模一样吗？一下子就降低了单位成本。可事实真的是这样的吗？我们可以运用财务思维来思考一下。

两件一模一样的衣服，可是你每次出门都只能穿一件，另一件永远在衣橱里挂着，那挂着的衣服就自然而然成了沉没成本，这样她身上穿着的这件衣服的成本就变成了 1500 元。单位成本降低了吗？显然没有。另外，也正因为购买这件衣服，你也失去了购买其他同价位衣服的机会。

怎么样,是不是很有趣? 是不是有了一些对财务思维的认知?

我们身边充斥着各种各样的陷阱,你要学会用财务的思维去思考。回过头来看上面烧开水的问题,你是要选积极的找柴的方式来烧开一壶水呢,还是要使用消极的倒掉半壶水的方式来烧开半壶水呢? 如何判断,好像比如何烧开水更难。

富有结构化的财务思维

人类的思维有理性思维与感性思维两种方式。而更多时候,我们做决策主要依赖我们的经验与直觉,也就是感性思维,而不是分析与判断,也就是理性思维。我来举个例子。

有一家公司是做饮品的,上一年飞速扩张,开了很多分店,年终总结的时候,发现并没有达到预想中的盈利效果。老板问原因,如果你是一名销售,你会怎么回答?

你也许会说,是因为竞争太激烈了,而且年底大家都在搞促销,末了还会问老板,我们要不要也搞些降价大促销来提升一下业绩? 这是我们一般常有的思维模式,依靠经验和直觉,典型的线性思维,只回答问题,有时甚至还把问题抛回给老板,里面还隐含了因为老板促销没做到位的提示。

那我们在财务思维下是怎么回答的呢？

"首先我们来看去年整体的销售情况是多少，与上年同期相比如何，和预期相比差距又是多少。

"从产品看，H产品最受欢迎，L产品最不受欢迎。投票调查显示，H产品受欢迎的原因是比较符合当下的健康饮食趋势，随着大家健康饮食意识的觉醒，这个理念会越来越流行，也更有利于我们H产品的销售。L产品最不受欢迎，原因是年轻人普遍觉得这款产品没有潮流感，颜值不高。不过未来可以引导为个性产品。

"从地区看，A地区的销量最好，原因是宣传到位，且A地区消费水平普遍偏高，城市年轻人多追求有品位的生活。B地区次之。排除大环境等因素的影响，C地区的销量最不乐观，降幅最大，间接影响了整体的销售情况。通过调查可以获知，C地区其他同类产品大量涌入，对我们的销售冲击很大，加之C地区经济发展低于预期，导致C地区销量最低。未来可以调整产品，推出不同的营销策略，提高服务以期增加销量。"

有没有看到不同？先整体再个体，分地区、分产品，一步步理清原因。这是富有结构性的思维方式。告诉大家一个秘密，财务分析就是这么写出来的。想想我们向领导汇报工作，或者是和家人沟通时，是不是也可以使用"先整体、后分类，做对比、加数据"这样的结构化思维来说明问题？先让听的人有一个整体概念，后分类进一步把问题剖析清楚，做对比让人了解差别所在，加上数据让听的人更清晰明了。这样的沟通效率是不是会提高很多呢？

说到分析，我这里有两个数据。

三里屯有两家店铺，一家一天的营业额是1000元，另一家一天的营业额是10万元，你们说这两家店哪家的盈利能力更强？

有选1000元的，有选10万元的，那我会怎么选呢？哪个也不选！因为给的条件不够。

分析最常用的基本方法是同比分析法，这是一种百分比法，就是将相关数据根据一个既定基础计算出的一系列百分比进行比较的方法。该方法简单，结果一目了然。此方法又分为纵向分析法和横向分析法。纵向分析法可用于同一时间点上，对同一行业不同规模的企业进行比较，也可用于同一时点上，对不同行业间的企业进行比较。所以对于这两家店铺的比较，我们运用纵向分析法来进行比较再简单不过了，但我为什么说缺少条件呢？

因为只有一个营业额是没法比较的，后者可能成本很大，卖10万元也没有毛利。如果一天卖1000元销售额的店铺，它的销货成本是350元，而卖10万元销售额的店铺，它的销货成本是58000元，你们说谁的经营状况好？

一天销售额1000元的店，它的毛利率是65%；一天销售额10万元的店，它的毛利率是42%。所以，有时候，一天卖1000元的店比一天卖 10 万元的店盈利能力更强。

说了这么多,你有没有发现,原来我们日常生活中的好多想法都是错误的?

你看,财务自由,并不是岁月静好,田园牧歌诗酒花,也不是周游世界,风吹麦浪心飞扬。它需要你拥有随时变现的资产储备,需要你具备持续不断的赚钱能力。即使遇到灾难,即使遇到战争,你都能随时调整方向,制订作战计划,并获得金钱回报。

你看,额外获利,并不是拿到最大的利益最好,而是抓牢最有保证的利益才为上策。因为当你面对的是人的意识这个最大的变量的时候,保证最有把握的获利才能获得最多的收益。正如查理·芒格所说,"人类往往有将事情复杂化的倾向"。选择最简单的,选择最有把握的,才能获得最想要的。

你看,烧开水,你永远无法避免沉没成本的存在。无论你是重新找柴来烧开一壶水,还是用现有的柴来烧开半壶水,沉没成本永远伴随着你的选择。

你看,依靠经验和直觉来解决问题,结果问题越解越乱,直至一团乱麻。而运用财务分析这样的结构化思维,顺藤摸瓜,抽丝剥茧,问题才会越来越清晰,答案呼之即出。

你看,评估店铺,规模大小和获利能力并不一定成正比,规模最大并不代表着获利能力最强,也不代表着活得最长久,更不代表着运营最健康。我们看到的可能并不是问题的本质，不要被表象所迷惑。抓住问题的根本，才能看到问题的本质。

　　财务看似只是写写算算，但其思维却能帮你看清本质，找到问题的根源所在。但这并不是听一场讲座或是看一场直播就能获得的，它是一个漫长的求知过程，是一个灯塔般的长期目标，它的存在就是要帮助你，不论顺境、逆境都能始终不移地知道自己的方向。而我们要做的，就是向着灯塔，日拱一卒，功不唐捐，不论逆境顺境。

上篇:税收筹划思维
——如何留住手中的钱

不少缴一分税,是为税收风险把控;不多缴一分税,是为税收筹划。

第1章
税收筹划的哲学

——

有人说,2019 年是艰难的一年,但也是未来 10 年里最好的一年;也有人觉得这过于悲观了,是在唱衰经济。于是我们开始准备喜迎元旦、欢庆春节,似乎欢声笑语可以掩藏我们心中的苦痛,使我们暂时忘记那些艰难。可喜庆的热潮还没有真正到来,一场新型冠状病毒肺炎将我们打得措手不及,转眼间我们要保持人与人之间的安全距离,食堂吃出了高考的味道,排队排出了北欧的意境,我们每个人只能被隔离在家,自娱自乐。

马路上没有了车水马龙的喧嚣,只有冬风无言的寂静;商场里没有了恭喜发财的祝福,只有戴口罩、勤洗手的宣传语。寒风从四面八方吹来,裹挟着我们,似乎人人成了孤岛。封城、封车站、封小区,我们要将病毒困死、闷死。人们在对抗新冠肺炎的同时,经济的滑铁卢也来得悄无声息。

在延迟复工、减少聚集的大环境下，2020 年的经济，一开年就遭遇了重创。

相信大家在疫情期间对一家餐饮企业有了重新的认识。西贝，一家有 30 多年经营历史的餐饮老店，在餐饮行业也算是头部企业了，就在本应属于全年创收最好的时间段，发出消息说其现金流也只能撑 3 个月。西贝董事长贾国龙接受采访时说，因为新冠肺炎，全国 60 多个城市 400 多家西贝莜面村堂食业务暂停，只保留 100 多家外卖业务，西贝春节前后一个月时间将损失营收 7 亿～8 亿元，2 万名员工需要按国家政策规定支付工资，1 个月单只工资支出这一项就高达 1.5 亿元，西贝账上的现金撑不过 3 个月。

2020 年没有一键重启的功能，现金，是生存下去的唯一要件。对于西贝这种现金流高速流转的企业来说都如此困难，普通企业和个人的境况可想而知。活下去，才是首要问题。正所谓手中有粮，心里不慌。那么如何留住手中的钱，就成了每个人最迫切的需求。

多缴的个人所得税

那么请问，我们要如何节流呢？

你首先想到的肯定是减少消费,压缩开支。没错,还有呢?

那就先给大家讲个故事吧。

年前朋友间聊天,有意无意都会问到发了多少年终奖。有一个朋友说她发了 8 万元的年终奖,不过她说个税就扣了 4 万多元。

没错,4 万多元。我当时也很惊讶,可能是职业病犯了,就想刨根问底,为什么 8 万元的年终奖会扣 4 万多的个税。我在对朋友的"花样"提问后,终于掌握了一些关键信息。原来我朋友的全年工资是 36 万元,加上年终奖 8 万元,合计就是 44 万元,扣掉 6 万元的减除费用,5.4 万元的三险一金专项扣除,2.4 万元的专项附加扣除,全年她的应纳税所得额是 30.2 万元,这样算下来全年应纳的个人所得税额是 43580 元。明白了,原来她说的是全年一共缴了 4 万多元的个人所得税。

我松了一口气,可转念一想,不对呀,她为什么要将年终奖合并到当月工资里呢? 全年一次性奖金不是有单独的全年奖"绿色通道"吗? 于是我偷偷算了下,不并入工资的话,年终奖只需要缴纳 7790元,加上她工资项下所缴的个税,合起来也就 35270 元。这样一算,她多缴了 8000 多元的个税。于是我默默岔开了话题。是的,我并没告诉她,她的公司这样发放年终奖使她多缴了 8000 多元的个税,要知道这样一不小心可是会酿成"血案"的。为了社会和谐,还是让我那朋友做出一些牺牲吧,毕竟既定事实,多说无益,我决定还是明年早点提醒她吧。

看到这里你们是不是恍然大悟？原来我们还可以通过税收筹划来达到节源的目的。首先我们要明白的一个概念就是——税收成本也是造成我们现金流出的成本之一。正如刚刚这个例子，如果她选择不并入当月工资，而选择单独适用全年一次性奖金的计算方法，那她就可以节省 8310 元的开支。再者，不并入申报，在次年个人所得税汇算时还有一次选择权在自己手里。可以根据当年的实际情况，连同专项附加扣除一起筹划出最优选择来。

是不是很神奇？同样一件事情，两种不同的方法，直接导致两种不同的结果。这就是税收筹划的力量。

那么，你们理解的税收筹划是什么样子的？

想象一下，你代表公司向批发商采购笔记本时，经常会看到这样的信息："清仓大处理，折扣连连看"，或者是"回馈新老客户，购物满 3000 件可享受 8 折优惠，满 5000 件享 7 折优惠"。你是不是很奇怪，我们不是在说节流吗，怎么却又说起了打折？

你们有没有想过，批发商真的是以牺牲利润为代价在搞促销吗？其实呀，这样的手段就是税收筹划的结果。

商品促销中的筹划哲学

我们来看一下,3000 件给予 8 折优惠,不考虑其他,假如原价每件 10 元:

折扣前所应缴纳的增值税是:$3000×10×13\%=3900$(元)

折扣后所应缴纳的增值税是:$3000×10×80\%×13\%=3120$(元)

折扣前后所缴纳的增值税的差异是:$3900-3120=780$(元)

也就是说,这笔业务虽然打了折、降了价,但批发商为此所缴纳的增值税却减少了 780 元。这种折扣销售的方式在现实中是不是很常见? 这也是税法为之提供的节税空间。但是这里我需要特别提醒的一点是,如果你的公司选择了折扣销售,或者换个名字称其为商业折扣,反正不管哪种叫法,在这种方法下,一定要将销售额和折扣额在同一张发票上分别注明,而且一定是在"金额"栏里分别注明。如果你在"金额"栏以外的任何地方标明了折扣,包括你在"备注"栏里将其解释得清清楚楚,或者你干脆将折扣额另开了张发票,那么,不论你在财务上如何处理,不好意思,你必须按全额缴纳增值税,这个折扣,税法上就当没看见。

降价和折扣可能会减少你的利润,但由于降价和折扣销售在同等销售额的情况下减少了你的应纳税款,因此起到了节税的作用。实际上商家减少的利润并没有你想象的那么多,我们可以算一下满5000件享7折的优惠。

折扣前所应缴纳的增值税是:$5000 \times 10 \times 13\% = 6500$(元)

折扣后所应缴纳的增值税是:$5000 \times 10 \times 70\% \times 13\% = 4550$(元)

折扣前后所缴纳的增值税的差异是:$6500 - 4550 = 1950$(元)

8折时节约的增值税占销售额之比:$780 \div 30000 = 2.60\%$

7折时节约的增值税占销售额之比:$1950 \div 50000 = 3.90\%$

可以看到,虽然提高了折扣比例,但节税的空间也增大了。批发商真的亏损了吗?并没有,那些你所看到的,都是别人想让你看到的。所以,叔本华才教导我们:"一个明智的人就是一个不会被表面现象所欺骗的人,他甚至预见到了事情将往哪一方向变化。"所以我们一定要透过现象看本质。

你们看,税收筹划很高大上吗?并不是呀,它就存在于我们身边,与我们每个人都息息相关。税收筹划很难吗?也不是呀,它就是一些小心机呀。

员工福利中的筹划哲学

说到心机,我想问一下大家,这次新冠肺炎对我们影响最大的是什么?

除了经济大环境的影响,它是不是改变了我们出门的习惯,让我们暂时经历了一罩难求的遭遇? 我不知道你们的口罩是什么时候买的,我在入冬的时候出于习惯买了一包一次性口罩,10 个,但随着新冠肺炎的暴发,很显然这一包口罩是抵不住的。我问朋友们都是怎么买口罩的,有人说他们公司发口罩,还有人说他们公司发现金。不管是发钱还是发口罩,这两种情形是不是最常见的? 那如果你是企业老板,你会选哪一种?

选发口罩的,恭喜你,你已经有筹划的小心机了。根据我国现行法律的规定,防御缺氧空气和尘毒等有害物质进入呼吸道的呼吸防护用具是重要的劳动防护用品。也就是说,公司集中采购发给全体员工的口罩可以作为劳动防护用品管理。这也就意味着,公司集中采购的口罩属于劳保用品,而如果公司购买的时候一并取得了增值税专用发票,那公司同时还可以抵扣购买口罩的进项税款。

如果你选择的是给每位员工发放现金补助让其自行购买,那就只能作为职工福利计入应付职工薪酬里的职工福利费了。

这两者的区别可就大了。所以你们看，只是一个口罩，虽然都是计入成本，但两者的去向却是不同的。前者作为费用计入当期，并且可以抵扣增值税。这同时也意味着计入费用的口罩成本是不含税的价格。而后者作为工资薪酬里的职工福利费计入当期，不但不能抵扣增值税，还要受到职工福利费只能税前列支职工工资 14% 以下的比例范围限制。这个税前指的是企业所得税税前，如果超标则不能在税前作为工资福利费用列支，也就意味着你需要多缴企业所得税。

所以在这里也为大家提个醒，同时也为广大财务工作者叫个屈。有时候真的不是财务人员不帮企业做税收筹划，现实是，通常流程走到财务部那里的，往往已经是既定事实，财务人员也无能为力了。所以你看，企业经营者懂些财务知识是多么的重要。更何况 500 多年前的卢卡·帕乔利就说了，作为一个精明的商人，绝不可以不熟悉簿记。

现在，你们是不是可以回答什么是税收筹划了？其实说白了就一句话——正确运用税收政策，并根据自己的实际情况及战略方向用尽用足。

为什么这样说呢？我们可以回顾一下这三个案例。

第一个是年终奖的故事。因为我国现行法律在对个人所得税税制进行改革的过渡期间，允许企业在 2021 年 12 月 31 日前，对于符合规定的居民个人取得的全年一次性奖金，可以不并入当年综合所得，而是单独计算纳税。自 2022 年 1 月 1 日起，居民个人取得全年一次性奖金,应并入当年综合所得计算缴纳个人所得税。也就是说,在这个期限之前你是有选择权的,可以选择并入也可以选择不并入。而前文所说的我朋友的公司是怎么处理的呢?她的公司选择了直接将其年终奖并入了综合所得计算,这样做就导致了她当年的个人所得税多缴纳了 8000 多元。有时候,明明选择权就在我们手中,明明是可以选择最优解的,但我们不经意间却忽略掉了。

第二个是我们生活中常常见到的降价销售商品及打折销售商品的情况。表面上看,商家做出的降价销售或满额享折扣的举措,是做了亏本生意,但实际上通过我们的计算,我们发现了里面暗含着的节税玄机。你看,有时候降价,并不会造成减少利润的结果;相反,还能起到节税的目的。所以说,降价不一定亏本,涨价不一定获利。但需要注意的是,这种折扣销售一定要将折扣额和销售额在同一张发票的"金额"栏中体现出来,否则是不能按照折扣后金额计算增值税的。所以,筹划后的操作细节是否合理,也是筹划能否成功的关键因素之一。

第三个是选用哪种方法给员工发口罩的问题。是公司集中采购还是发放补助由员工自己采购?看似很简单的问题,却会给企业带来两种不同的结果。发钱方便省力,员工也乐意;而发口罩,在很可能有钱都买不来口罩的情况下,公司也不想去费心费力寻找货源,不如发钱简单直接,还体现了公司的关怀。但是,看似员工关怀的一个小问题,却在你们想象不到的地方藏着税收筹划的玄机。

其实,不管是对个人还是企业,每个税收筹划方案都是量身打造的。就拿前面发年终奖的例子来说,换个人,换种情况,可能选择并入综合所得就是最优方案了,所以税收筹划方案不能照搬,这也是为什么别人筹划成功的案例你拿来照着做却不一定成功。另外一点也是来自我国的现状。我们的税制环境还在不断完善的过程中,税制改革也在进行当中,所以大家感受到的现状是,税率不断在调整,条文不断在修订,税法不断在出台。在这个过程中,各个税务执法部门对税法条文的理解也会有所不同,所以,成功的税收筹划一定是多方配合的结果,甚至还有心理学的因素在里面。

看到这里是不是觉得,原来税收筹划也可以这么有趣? 没错,既有趣,又实用,还透着一些小心机。但你要知道:学起来容易,运用起来就难了。当我们将财务思维变成一种深入骨髓的本能,形成条件反射的时候,也就能运用自如了。

小贴士

• 《财政部关于个人所得税法修改后有关优惠政策衔接问题的通知》(财税〔2018〕164 号):

一、关于全年一次性奖金、中央企业负责人年度绩效薪金延期兑现收入和任期奖励的政策

(一)居民个人取得全年一次性奖金,符合《国家税务总局关于调整个人取得全年一次性奖金等计算征收个人所得税方法问题的通知》(国税发〔2005〕9 号)规定的,在 2021 年 12 月 31 日前,不并入当年综合所得,以全年一次性奖金收入除以 12

个月得到的数额,按照本通知所附按月换算后的综合所得税率表(以下简称月度税率表),确定适用税率和速算扣除数,单独计算纳税。计算公式为:

应纳税额＝全年一次性奖金收入×适用税率－速算扣除数

居民个人取得全年一次性奖金,也可以选择并入当年综合所得计算纳税。

自 2022 年 1 月 1 日起,居民个人取得全年一次性奖金,应并入当年综合所得计算缴纳个人所得税。

• 根据《国家安全监管总局办公厅关于修改用人单位劳动防护用品管理规范的通知》(安监总厅安健〔2018〕3 号)第二章第十条"(二)防御缺氧空气和空气污染物进入呼吸道的呼吸防护用品"相关规定,公司集中采购发放给员工的口罩可以作为劳动防护用品管理。

• 根据《财政部 税务总局关于支持新型冠状病毒感染的肺炎疫情防控有关个人所得税政策的公告》(财政部 税务总局公告 2020 年第 10 号),自 2020 年 1 月 1 日起,单位发给个人用于预防新型冠状病毒感染的肺炎的药品、医疗用品和防护用品等实物(不包括现金),不计入工资、薪金收入,免征个人所得税。

第2章
员工招聘中的筹划技巧

—

前面我们从身边的一些例子中认识了税收筹划。看似日常生活中遇到的琐碎小事，却都有着税收筹划的身影。这也让我们了解到，税收筹划就像我们身边的一些小心机，它没有那么高深莫测，也没有那么神秘玄幻，正是因为我们的不了解，才让我们对其产生了雾里看花的朦胧感，才觉得它神秘、高深。捅破那层窗户纸后，你会惊叹道："原来这么简单呀。"有没有一种豁然开朗的感觉呢？

还记得什么是真正的税收筹划吗？税收筹划就是，正确运用税收政策，并根据自己的实际情况及战略方向用尽用足。

这次疫情期间国家也发布了一系列的税收优惠政策，这么密集的政策跟进还是头一回。从及时延长申报期限，到延长困难企业的亏损结转年限；从减免捐赠人的增值税、消费税、附加税到减免参与抗击疫情人员的相关个人所得税；从扩大免税进口范围到取消税前抵扣相关设备的金额限制；从突破公益性捐赠税前扣除的金额限制到突破捐赠渠道的限制。各个地方政府也在不断出台一些扶持政策，允许延迟缴纳社保、返还企业缴纳的失业保险等。但无论是延迟申报还是扩大抵扣范围，减免税金还是返还保险金，前提都是让企业先活下来。虽然这些优惠扶持政策对中小企业来说犹如雪中送炭般温暖，但也得有烧炭取暖的人（企业）活着才行。所以一切等、靠行为，都不如企业自救。

会哭的西贝获得了浦发银行 4.3 亿元的银行授信后暂时渡过了危机，同时也着手重新评估上市，投入资本市场的怀抱，然后将 1000 名员工借给了盒马，并将业务重心转移到了外卖上。

我们可以看到在这期间，很多企业都将线下业务搬到了线上，参与短视频、直播，寻找新的突破口。转型之战进行了五六年，不如一场疫情的倒逼来得有成效。

阿里巴巴的招聘秘籍

一次疫情，改变了我们的生活，改变了我们的工作方式，而盒马鲜生及一些公司提出的员工租用计划，也缓解了部分企业停工期间用工成本过高的困难。也有一些企业，并没有受到此次疫情的影响，相反还实现了新的增长。除了所处行业的原因，它们本身就有着自己的经营之道,比如已将产业生态化的阿里。作为经历了"非典"时期全公司员工被隔离并在此期间完成业绩飞跃的企业,阿里巴巴很擅长在员工身上寻找突破口。

你们知道阿里现在有多少员工吗?

阿里巴巴的官方网站上显示,截至 2019 年 9 月 30 日,阿里的全职员工总数为 111524 人。这是一个庞大的群体,而在这个群体里,有一个特别的团队,这个团队还曾让马云专门发了个微博来感谢,你们猜是哪个团队?

阿里云客服团队!

这是一支由残疾人组成的团队。一般企业很少会招聘残疾人,而阿里巴巴不但聘用他们,还给出了高工资,在"双 11"期间甚至还给出了 3 倍的工资。大家在感谢马云的公益行为之余,有没有想到这其实是企业与员工的双赢举措?

你们可能想到的是,阿里解决了这些残疾人的就业问题,同时也赢得了口碑。但是我想说的是,这是一项很成功的节税之举。

为什么这么说呢?

大家都知道企业是要缴纳企业所得税的,税率还不低——25%。也就是说公司所创造出来的利润总额的 1/4 都是要上缴国家的。这笔支出可是不容小觑。所以也催生出了很多企业想方设法多列成本,以减少企业所得税的缴纳。但是,一家没有利润的企业也不会吸引到投资人、银行以及客户的目光,同时也会减弱自己的竞争能力。

有没有办法可以光明正大地多列成本呢?

有!多列工资。这里可不是说那些空头人名的虚列工资,而是实打实运用法律赋予你的权利双倍列支残疾职工的工资成本。

减少的企业所得税

根据我国现行法律的规定,企业安置残疾人员就业的,在按照支付给残疾职工工资据实扣除的基础上,可以在计算企业所得税应纳税所得额时按照支付给残疾职工工资的100%加计扣除。

这是什么意思呢?也就是说,如果你的公司里聘有残疾员工,并且符合税法和《中华人民共和国残疾人保障法》等法律规定的相关条件,公司为他们支付了10万元工资,就可以在企业所得税前扣除20万元的工资成本。

假如马云的这支残疾人客服团队有100人,平均每人月薪1万元,那这些人全年的工资支出就是$100 \times 1 \times 12 = 1200$(万元),那么公司就可以在企业所得税前扣除双份的,也就是扣除 2400 万元的成本,对应可以减免多少企业所得税呢?

$$1200 \times 25\% = 300(万元)$$

300 万元,也就是说,比起聘用普通人,公司当年因招聘了残疾员工而可以少缴的企业所得税是 300 万元。

这个团队一年就可以节省 300 万元的税金,同时也就意味着减少了 300 万元的现金流出。是不是很惊讶?

你以为这就完了吗? 不,还可以退还增值税。

减少的增值税

增值税是我们企业的又一大纳税负担。可以说,企业的两大纳税负担就是增值税和企业所得税了。虽然增值税税率这两年已经连续下调了两次,但增值税依然稳居我国第一大税种的绝对地位。不过,如果公司聘用残疾员工,所缴纳的增值税就可以申请退还。

根据我国现行法律的规定,对安置残疾人的单位和个体工商户,实行由税务机关按纳税人安置残疾人的人数,限额即征即退增值税的办法。也就是说,如果公司聘用残疾人符合相应条件的,就可以申请退还增值税。

当然,退还的增值税是有限额的,这个限额和公司所在地的月最低工资挂钩。也就是安置的每位残疾人每月可退还的增值税具体限额,由税务机关根据人民政府批准的当地月最低工资标准的 4 倍确定。

这是什么意思呢?

还是拿阿里的这支残疾人客服团队来说,我们先确定一下杭州的最低工资标准是多少。根据国家公布的截至 2019 年 6 月的全国各地区月最低工资标准来看,浙江有 4 档,作为省会的杭州是 2010 元,我们可以计算一下。

100 名残疾员工,那么当期可以退还的增值税限额就是 $100 \times 2010 \times 4 = 804000 = 80.4$(万元)。也就是说,如果公司当期需要缴纳 100 万元的增值税,那么最大限度退税后实际上只缴了 $100 - 80.4 = 19.6$(万元),连退税前的 1/5 都不到,这是不是实打实的真金白银?

完了吗? 没有!

减少的其他税费

公司还可以减免残疾人保障基金，也就是我们通常所说的残保金。在每年的下半年我们就会听到企业的财务说税务局又通知要缴残保金了。虽然是税务机关催收，但这个却是政府性基金，属于非税收入。你们有没有想过，其实这个残保金也是可以光明正大免缴的？

为什么这么说？这就要从收残保金的目的和征收对象方面来说了。残保金是为了保障残疾人权益，由未按规定安排残疾人就业的机关、团体、企事业单位和民办企业缴纳的资金。

所以我们可以知道，残保金的目的是保障残疾人的权益，征收对象是未按规定安排残疾人就业的单位。那我们按规定聘用残疾员工后不就不属于征收对象了吗？如果企业安排了规定人数的残疾人，残保金是完全可以免缴的。

能免多少呢？

还拿这支云客服团队来说，如果公司上年在职职工年平均工资为 10 万元，在职职工人数 100 人，当地规定安排残疾人就业的比例为

1.5％的话,公司需要至少安排 2 名残疾员工。(100×1.5％＝1.5,2
>1.5)

如果企业没有安排残疾人就业,则需要缴纳残保金:100×1.5％
×10＝15(万元),但是如果企业安排了 2 名残疾员工,这 15 万元就可
以免予缴纳了。

你可能会说,这 2 名残疾员工也是需要工资成本的。是的,任何
员工都是有工资成本的,甚至普通员工的工资成本会更高。但你要
知道,把人放在合适的岗位上,他就能创造出你想象不到的价值。

大家知道唐氏综合征患儿的智力是有限的,他们的智力水平一
般停留在 10 岁以下,但这并不意味着他们没有生活自理能力,相反,
他们在某些方面会表现出超越常人的水平,比如模仿能力,像曾指挥
爱乐乐团的唐氏儿舟舟,模仿能力就很强。我之前在一篇文章中提
到,一个唐氏儿从康复学校一毕业就被一家企业招去做了行政。他
的性格很好,从不知道烦恼,还总是逗公司的人开心,并且对电子产
品上手极快,所以公司的行政岗位,他是完全可以胜任的。

正是我们对残疾人的偏见让我们本能地认为他们不能创造工作
价值。事实上,也正是因为我们对他们的不了解,才让我们错失了很
多双赢的空间。

这里需要特别提醒的一句是,对于小微企业来说,在 2020 年 1 月
1 日至 2022 年 12 月 31 日这段时间内,对于少于 30 人的企业,可以
暂免征收残保金。也就是说,只要你的企业少于 30 人,这 3 年的残保

金就可以免缴。至于 3 年后是否可以继续免征,要看政策是否延续。

你可能要问了,还有能减免的吗?

有——减免城镇土地使用税。对这个税种可能有些企业会比较陌生,但房地产公司或者物流公司这种占用大量土地的企业就比较熟悉了。对于拥有土地使用权的公司来说,这笔支出也是一个不小的数字。根据所处地区、地段不同,每平方米的税额也不同,在 0.6 元到 30 元之间。假如公司拥有 1 万平方米的土地使用权,该地段城镇土地使用税是每平方米 15 元,那公司全年就要缴 15 万元(1 万×15=15 万)的城镇土地使用税。

1 万平方米是什么概念呢? 按照国际标准来说,就是一个大足球场的大小。如果聘用的人数符合标准,那这 15 万元也是可以获得减免的。

完了吗? 没有! 还有地方政府给予的奖励和补贴。

比如给社保补贴的,如青岛,对签订 3 年以上劳动合同的就业特别困难残疾人给予 50% 的社会保险补贴。

比如给岗位补贴的,如北京,对与残疾职工签订 1 年以上(含 1 年)固定期限劳动合同的,在合同期内岗位补贴标准为每人每年 5000 元。

比如给超比例安排残疾人就业奖励的,如西安,残疾职工人数占单位在职职工总数比例高于 1.5％且超比例分散安排残疾人就业在 1 人以上（含 1 人、不含集中安置残疾人企业）的就业单位，按每人每年 10000 元给予补贴。当然这个标准各地略有不同，一般在每人 5000 元至 10000 元之间。

除了这些，还有 1 人按照 2 人算的。如用人单位安排 1 名持有《中华人民共和国残疾人证》（1 至 2 级）或《中华人民共和国残疾军人证》（1 至 3 级）的人员就业的，按照安排 2 名残疾人就业计算。安排 1 名盲人就业，按照安排 2 名残疾人计算。

最重要的是，聘用的残疾员工并不限定为全日制用工，也包括非全日制用工。

这样一系列算下来，还会有人忽视这个残疾人团队为公司带来的额外效益吗？还会觉得聘用残疾人只是在秀公益吗？有没有觉得，我们忽视了这个群体的价值？有时候，我们给予他人帮助，会收到意想不到的回馈。

定制税收筹划方案

既然我们知道直接向某个医院捐赠，那为什么不能将缴纳残疾人保障基金的钱用来招聘残疾员工而帮助其直达就业呢？况且他们还能为企业带来如此丰厚的额外利益。

受这场疫情影响的我们，无论是否度过了危险期，都是时候借机梳理一下自己的企业，同时也可以重新考虑一下员工岗位设置啦。

我们可以根据自身企业的性质以及需求，为自己量身定制一套税收筹划方案。

企业所得税

比如我们任何企业都适用的企业所得税税前扣除的优惠，只要满足与员工签订 1 年劳动合同，并为其缴纳社保，工资不低于当地最低工资标准且通过银行发放，即可根据实际支出实现税前双倍扣除。

对于服务性企业，企业是不是可以根据自身情况尽可能多地选择呢？从大众心理学的角度去考虑，当你发现为你提供服务的人员是一名残疾人时，是不是会下意识地控制自己的脾气呢？相应地，是不是也就降低了一些发生冲突的概率？

即征即退增值税

　　而想要同时获得限额即征即退增值税的话,还需要在此基础上满足一定的主要收入占比与人数的条件,这就需要企业根据自身特点盘算一下了,但大多数企业是适用的。以下我将从收入与人数两方面,就企业招聘残疾员工,如何能适用即征即退增值税做出说明。

　　收入方面,只要企业是从事生产销售货物,提供加工、修理修配劳务的,或者是营改增后提供除文化体育服务和娱乐服务以外的现代服务和生活服务项目的,这些活动的收入之和占其全部增值税收入比例达到 50％的,就是有资格适用限额即征即退增值税的企业。但是需要说明的是:第一,这些收入里并不包含企业直接销售外购货物,包括以商品批发和零售的形式销售外购货物,以及销售委托加工的货物取得的收入;第二,企业还需要将享受税收优惠政策业务的销售额和没有享受税收优惠政策的享受额分别核算,这是常规项,也是为了方便管理,使企业的核算更加清晰明了,并且方便查阅。当然如果没有分别核算的,就不得享受此优惠了。

　　人数方面,企业所安置的残疾职工人数要不低于在职职工人数的 25％,并且不能少于 10 人,也就是说,最低也得安置 10 名残疾职工。当然这里的企业不包括盲人按摩院。

　　这要怎么理解呢? 比如有一家广告设计服务公司,在职职工人数 80 人,其中持有残疾证的残疾职工 20 人,员工均实际上岗。公司这个月取得设计服务收入 100 万元,取得其他增值税收入 30 万元,财务上分别进行了核算。该公司与这些残疾职工均签有 1 年以上的劳动合同,支付的工资不低于当地最低工资标准,并为其缴纳了社保,工资通过银行转账到职工银行卡上。以上就属于符合条件可享受税收优惠政策的情况。

残疾人保障金

对于残疾人保障基金,如果公司职工人数在 65 人以下,根据当地安排残疾人就业的比例为 1.5% 的规定,企业仅需要招聘 1 名残疾员工就可以享受减免残保金的优惠。

当然,企业实际情况也各不相同。企业可以根据自身的工作性质,有选择性地招聘持有残疾证或军残证的残疾员工,既能体现企业的社会责任,又能实现企业与员工的双赢。另外,招聘残疾人的渠道可以咨询当地的残联。

《了凡四训》中说:"舍得者,实无所舍。"企业向残疾人提供工作岗位,同样实无所舍。

小贴士

• 《财政部 国家税务总局关于安置残疾人员就业有关企业所得税优惠政策问题的通知》（财税〔2009〕70 号）：

一、企业安置残疾人员的，在按照支付给残疾职工工资据实扣除的基础上，可以在计算应纳税所得额时按照支付给残疾职工工资的 100% 加计扣除。

三、企业享受安置残疾职工工资 100% 加计扣除应同时具备如下条件：

（一）依法与安置的每位残疾人签订了 1 年以上（含 1 年）的劳动合同或服务协议，并且安置的每位残疾人在企业实际上岗工作。

（二）为安置的每位残疾人按月足额缴纳了企业所在区县人民政府根据国家政策规定的基本养老保险、基本医疗保险、失业保险和工伤保险等社会保险。

（三）定期通过银行等金融机构向安置的每位残疾人实际支付了不低于企业所在区县适用的经省级人民政府批准的最低工资标准的工资。

（四）具备安置残疾人上岗工作的基本设施。

• 《财政部 国家税务总局关于促进残疾人就业增值税优惠政策的通知》（财税〔2016〕52 号）：

一、对安置残疾人的单位和个体工商户(以下称纳税人),实行由税务机关按纳税人安置残疾人的人数,限额即征即退增值税的办法。

安置的每位残疾人每月可退还的增值税具体限额,由县级以上税务机关根据纳税人所在区县(含县级市、旗,下同)适用的经省(含自治区、直辖市、计划单列市,下同)人民政府批准的月最低工资标准的4倍确定。

二、享受税收优惠政策的条件

(一)纳税人(除盲人按摩机构外)月安置的残疾人占在职职工人数的比例不低于25%(含25%),并且安置的残疾人人数不少于10人(含10人);

盲人按摩机构月安置的残疾人占在职职工人数的比例不低于25%(含25%),并且安置的残疾人人数不少于5人(含5人)。

(二)依法与安置的每位残疾人签订了1年以上(含1年)的劳动合同或服务协议。

(三)为安置的每位残疾人按月足额缴纳了基本养老保险、基本医疗保险、失业保险、工伤保险和生育保险等社会保险。

(四)通过银行等金融机构向安置的每位残疾人,按月支付了不低于纳税人所在区县适用的经省人民政府批准的月最低工资标准的工资。

六、本通知第一条规定的增值税优惠政策仅适用于生产销售货物,提供加工、修理修配劳务,以及提供营改增现代服务和生活服务税目(不含文化体育服务和娱乐服务)范围的服务取得的收入之和,占其增值税收入的比例达到 50% 的纳税人,但不适用于上述纳税人直接销售外购货物(包括商品批发和零售)以及销售委托加工的货物取得的收入。

纳税人应当分别核算上述享受税收优惠政策和不得享受税收优惠政策业务的销售额,不能分别核算的,不得享受本通知规定的优惠政策。

- 现代服务:是围绕制造业、文化产业、现代物流产业等提供技术性、知识性服务的业务活动,包括研发的技术服务、信息技术服务、文化创意服务、物流辅助服务、租赁服务、监证咨询服务、广播影视服务、商务辅助服务和其他现代服务。

生活服务:是为满足城乡居民日常生活需求提供的各类服务活动,包括文化体育服务、教育医疗服务、旅游娱乐服务、餐饮住宿服务、居民日常服务和其他生活服务。

- 《残疾人就业保障金征收使用管理办法》:

第六条 用人单位安排残疾人就业的比例不得低于本单位在职职工总数的 1.5%。具体比例由各省、自治区、直辖市人民政府根据本地区的实际情况规定。

用人单位安排残疾人就业达不到其所在地省、自治区、直辖市人民政府规定比例的,应当缴纳保障金。

- 《财政部关于调整残疾人就业保障金征收政策的公告》(财政部公告 2019 年第 98 号)第四条:自 2020 年 1 月 1 日起至 2022 年 12 月 31 日,在职职工人数在 30 人(含)以下的企业,暂免征收残疾人就业保障金。

• 《关于安置残疾人就业单位城镇土地使用税等政策的通知》(财税〔2010〕121号):

一、关于安置残疾人就业单位的城镇土地使用税问题

对在一个纳税年度内月平均实际安置残疾人就业人数占单位在职职工总数的比例高于25%(含25%)且实际安置残疾人人数高于10人(含10人)的单位,可减征或免征该年度城镇土地使用税。具体减免税比例及管理办法由省、自治区、直辖市财税主管部门确定。

第3章
裁员只是在裁人吗？

———

聊了这么多税收筹划，相信大家对税收筹划已经有了一定的认识。从商品的促销广告到招聘什么样的员工上岗，都可以进行税收筹划，税收筹划与我们的生活和工作息息相关。接下来，我想和大家聊聊关于裁员的事情。

这段时间的新闻里充斥着裁员的信息，不论是企业破产不得不裁员，还是企业为了避免破产而通过裁员来躲避危机，企业在生死存亡的时刻，首先想到的就是裁员，因为通过降低人力成本来缩减开支，是公认的见效最快的方法之一。不管是企业组织结构变革，还是企业战略调整，人员的变动是首先会被考虑的。那裁员，究竟是好事还是坏事呢？是治病良方还是夺命毒药呢？

华为裁员门

相信你们都对我国的一家手机制造企业很熟悉，就是华为。其他的裁员信息暂且不说，我今天要说的是被称为"华为裁员门"的 2007 年华为裁员事件。为什么现在还要说这个 13 年前的旧闻呢？那就带着好奇心往下看吧。

2007 年 10 月 27 日，南方网消息显示：华为公司包括任正非在内的所有工作满 8 年的员工，在 2008 年元旦之前，都要先后办理主动辞职手续（即先"主动辞职"，再"竞争上岗"），再与公司签订 1～3 年的劳动合同，之前的工龄清零。当时的背景是，新的《劳动合同法》要自 2008 年 1 月 1 日起施行，所以这个档口下，华为的这一举措被外界普遍认定是在规避新的《劳动合同法》。

搜狐财经甚至辟了专题来讨论这件事情，正方反方激烈争辩，无一例外都胶着在劳动关系上。也难怪，事关裁员，又发生在新劳动合同法即将实施的 3 个月前，很难让人不往这方面想。而当时的情况是，不管华为的公关部门怎么否认这一目的，大众都是选择不相信。而争议的焦点就在劳动合同法的修订上。

对比当时的新旧劳动合同法，我们可以看到最大的区别在于旧

《劳动法》的第二十条与新《劳动合同法》的第十四条之间关于无固定期限合同的规定。新《劳动合同法》增加了连续订立二次固定期限劳动合同,续定劳动合同,应当订立无期限的劳动合同。另外,旧《劳动法》中指出无固定期限合同的前提是必须双方协商一致,而新《劳动合同法》中要求只要劳动者提出就可以签订无固定期限合同。除此之外,对于裁减人员也有不同。新《劳动合同法》明确了裁减人员时,应当留下与本单位订立较长期限的固定期限劳动合同的和无固定期限劳动合同的人员。

这些细微的修订,虽然只是改动了几个字,但意思却大不相同了。对于用工企业来说,无不担心就此催生这些员工的惰性,也是这一点,才让大众普遍认为,华为的这次裁员是为了避免企业产生太多的无固定期限合同的员工,造成人力成本的增加,以及将来机构变革时裁员的被动。

那么华为对于这近 7000 名员工的裁撤,真的就没有认真考虑利弊吗?

据相关报道可以得知,华为此次裁员共涉及员工近 7000 名,采用的离职补偿模式是 N＋1 形式,也就是按工作年限＋1 的形式计算。比如老王在华为的工资是月薪 1 万元,另外还有奖金,假定平均每月奖金也是 1 万元,如若他在华为工作了 10 年,得到的最终赔偿就是 $2×(10＋1)＝22$ 万元。以这个作为平均值来算的话,那总计 7000 人的总赔偿金就是 $7000×22＝154000$ 万元,也就是大约 15 亿元的支出。南方网称是超过 10 亿元的赔偿支出。

根据华为的晋级模式，在华为工作 8 年以上的老员工，很多基本上也到了管理岗的位置，那么这个举措，他们抵制吗？

从《成都商报》2007 年 11 月 9 日的一篇采访报道中可以看出，华为员工对既能拿到 N+1 补偿又可以享受 5 天到 1 个月的带薪休假的老员工颇为羡慕。公司内部风平浪静，与"舆情汹汹"的媒体形成了鲜明对比。

外界担心的这 7000 名员工拿到补偿金不返岗竞聘的问题并没有出现。华为在 11 月 7 日对外声明说，7000 名具有 8 年以上工龄员工自愿辞职竞岗事件结束。华为当时声明：辞职员工中约 99.9％ 的员工在获得高额补偿之后，重新获得相应的岗位。这也几乎算是全部返岗了。

从这里可以看出，华为并没有出现外界所担心的诸多问题，媒体似乎比当事人们都着急。在华为 7000 名员工辞职事件爆发 20 多天后，全市劳动部门没有接到一个当事华为员工的投诉。而华为执行的 N+1 赔偿方案，在旧《劳动法》中并无对照，甚至还高于 2008 年 1 月 1 日起实施的新的《劳动合同法》的补偿标准。

尽管华为一直宣称此次事件是为了进行人力资源制度的变革，为了提高自己的国际竞争力，改良企业"工号文化"，包括任正非的 001 号员工编号，改革后也不再属于任正非所有。但是，除了以上分析角度，我们还可以从财务角度来聊一聊分钱的各种方式在税收中的不同体现。

华为官方网站公布的公司简介上写着华为是一家全部由员工持有的民营企业。华为的员工持股计划由来已久，1997 年的《员工持股规定》中，华为的持股原则是"入股自愿、股权平等、收益共享、风险共担"。1999 年的原则变为"入股自愿、遵守管理"。可见，华为的员工持股完全遵循自愿原则。那么，裁员门涉及的 8 年以上工龄的员工在华为一般是种什么状况呢？

《中国新闻周刊》采访的华为一名海外员工说，华为内部有一个职级制度。一般本科和硕士毕业生进入华为职级是 13 级，博士可以到 15 级。一般两年升一级，派到海外的升级速度略快。工作 8～10 年、绩效中等的员工基本都是公司核心人员，升到 17、18 级问题都不大，21、22 级则到了副总裁、总裁级别。如果一个应届毕业生进入华为，现在 34 岁，差不多有 10 年时间了，至少应该干到 18、19 级。这是 2017 年的一篇报道，可能与 2007 年的职级制度有所不同，我们只用来参考一下。而搜狐网上有报道指出此次裁员门事件共涉及 6687 人。

裁员秘籍

对于股东来说，如果公司要给其分红，按税法规定是要按照"利息、股息、红利所得"征收个人所得税的。

税法对利息、股息、红利都做了简明扼要的说明。利息是指个人拥有债权而取得的利息。股息、红利是指个人拥有股权而取得的股息、红利。按照一定比率对每股发给的息金叫股息。公司、企业应分配的利润,按股份分配的叫红利。而根据税法的相关规定,利息、股息、红利适用的个人所得税税率是20%。

此次事件的7000人得到的补偿金都在十几二十万元,如果公司按分红发放的话,假如平均每人15万元的话,那个人所得税就是15×20%＝3(万元)。

如果不是作为分红,而是作为年终奖发放的话,2007年的个人所得税实行的还是九级累进税率。15万元的年终奖需要缴纳的个人所得税是2.96万元,也接近3万元了(15万÷12＝1.25万,税率为20%,速算扣除数是375,15万×20%－375＝29625)。

如果是以奖金、年终加薪等形式发放,那就要按"工资、薪金"计算。2007年的个人所得税的扣除标准是1600元,15万元需要缴纳的个人所得税就是51405元[(150000－1600)×45%－15375＝51405]。

可以看出,不管是以上的哪种方法,把这10多亿元的钱分给员工,都需要缴纳一笔不小的税金。但是,如果是解除劳动合同而给予的经济补偿金呢?

按照财政部和国家税务总局发布的《关于个人与用人单位解除劳动关系取得的一次性补偿收入征免个人所得税问题的通知》规定,

个人与用人单位解除劳动关系取得一次性补偿收入（包括用人单位发放的经济补偿金、生活补助费和其他补助费），在当地上年职工平均工资 3 倍数额以内的部分，免征个人所得税；超过 3 倍数额的部分，按规定计算个人所得税。

而华为所在的深圳 2006 年的职工平均工资是多少呢？深圳市统计局公布的是 35107 元，那 3 倍就是 $3×35107＝105321$（元），也就是说，这 10.5 万多元是不需要缴纳个人所得税的，只需要针对超过的 $150000－105321＝44679$（元），约 4.5 万元计算个人所得税就行了。按照当时执行的〔财税 2001〕157 号文的计算方法，以 10 年工龄来算，要缴的个税是多少呢？

$(44679÷10)－1600＝2867.9$（元）

$2867.9×15\%－125＝305.185$（元）

$305.185×10＝3051.85$（元）

需要缴纳的个人所得税是 3051.85 元。

华为此举成功改革了人力资源制度，改变了福利及工资制度，并改良了"工号文化"。不管华为是不是为了规避与员工签订无固定期限合同的法律制约，其都做出了很好的应对，在企业文化改革中也迈出了富有重大意义的一步。我们也只是借此新闻事件来说明一下不同支付方式在税收中的体现，并无他意。当然，华为在各种情况下都完成了缴税。

裁员中的裁撤哲学

这两年又传出了华为裁员的信息。尤其是 2017 年 3 月的裁员信息给了我们不小的冲击,那就是华为要裁减 34 岁以上的员工。

《中国新闻周刊》对此事件做了报道。虽然华为官方回应这是谣言,我们暂不去探讨这个信息的真伪,毕竟也是两年多以前的事了,但不知道你们有没有注意到这个信息中的裁员对象。

34 岁以上的交付工程维护人员,40 岁以上的研发人员。那为什么研发人员就比工程维护人员的条件宽呢?

根据华为官方公布的数据,华为 2018 年的研发支出是 1015 亿元,占全年收入的 14.1%,同比增长 13.2%。近 10 年累计投入的研发费用超过 4850 亿元。2019 年的数据还没有公布,不过从新闻中看到的是 1200 亿元。如此庞大的研发支出,你们可能会说了,华为是科技公司,研发就是公司的生命之源,如果没有研发的支持,我们就无法使用上国产 5G。

不可否认,对华为来说,研发确实重要。但研发支出对华为仅仅就这一个作用吗?我们还是从财务的角度来分析。

2018 年财政部联合国家税务总局和科技部一同发布了财税
〔2018〕99 号文,是关于提高研究开发费用税前加计扣除比例的通知。
这个通知就一个内容,是说:"企业开展研发活动中实际发生的研发
费用,未形成无形资产计入当期损益的,在按规定据实扣除的基础
上,在 2018 年 1 月 1 日至 2020 年 12 月 31 日期间,再按照实际发生
额的 75% 在税前加计扣除;形成无形资产的,在上述期间按照无形资
产成本的 175% 在税前摊销。"

这是什么意思呢? 你可以理解为,无论公司的研究开发费用是
否形成了无形资产,实际发生的研发费用,都可以在企业所得税前多
列支所发生费用的 3/4。假如公司花了 100 万元在研发上,就可以在
企业所得税前列支 175 万元的成本,变相减免了 $(175-100) \times 25\% =$
18.75 万元的企业所得税。因此这一政策达到了为企业减税的效果,
从这一点上说,企业采用这一政策和马云招聘残疾人团队有着异曲
同工之妙。

而财报显示,华为 2018 年的实际所得税率是 19.42%,2017 年的
实际所得税率更是低至 15.45%。要知道,企业研究开发费用的加计
扣除可是开始于 1996 年,并且这些年一直在不断地扩大范围和加大
加计扣除比例中。

除了研发费用的所得税前加计扣除,一些研发机构采购的国产
设备也是可以全额退还增值税的,不过这个就要另说了,我们在这里
不展开。

现在,你还会觉得裁员就只是在裁人吗? 也许普罗大众都认为

裁员是降低企业成本的不二法则，并且乐此不疲地一到困难时刻就拿出来用。但你有没有想过，什么时候裁员，裁减哪些员工，这当中都是有讲究的。试想一下，如果放到现在，华为还会采用集体辞职重新竞岗的方法吗？虽然华为内部的狼性文化无不透露着优胜劣汰的丛林法则，裁减员工也在不断地发生着，但有些方法，确实有它的契机。

所以，抓住政策的时效性，结合企业的自身情况，才能制定出自己的私人定制款。因时因事，才能相宜相生。

那么，思考一下，裁员就只能是裁人吗？我们能不能改变一下员工的属性呢？裁员的根本目的是节省开支，压缩成本，使冗余的机构变精简，那么，对于个别部门，我们可以将其裁撤，将员工与公司的雇佣形式，转变为甲方乙方的合作形式。

可以说，华为的这个举措是很成功的，可以看作多部门配合的协同作战，全员工参与的盛世狂欢，既配合了自己的战略调整，又达到了各方的利益最大化，这不正说明了，税收筹划并不是单纯以节税为目的的"演出"，更不是财务部门的"独舞"吗？并且合适的税收筹划，并不是都以单纯达到节省税款为目的的，有时候可能最终的纳税负担一样，却有效地调节了企业各期的现金流。或者相反，有些筹划下的纳税负担可能会更重，但却实现了企业的最终战略。抑或是不仅仅对单一税种进行筹划，更多的是在企业整体层面的筹划。所以不同的目的有着不同的税收筹划方法，适得其所即可。正所谓适合的才是最好的。

小贴士____

● 《财政部关于个人所得税法修改后有关优惠政策衔接问题的通知》(财税〔2018〕164 号)

五、关于解除劳动关系、提前退休、内部退养的一次性补偿收入的政策

(一)个人与用人单位解除劳动关系取得一次性补偿收入(包括用人单位发放的经济补偿金、生活补助费和其他补助费),在当地上年职工平均工资 3 倍数额以内的部分,免征个人所得税;超过 3 倍数额的部分,不并入当年综合所得,单独适用综合所得税率表,计算纳税。

● 《财政部 税务总局 科技部关于提高研究开发费用税前加计扣除比例的通知》(财税〔2018〕99 号):

一、企业开展研发活动中实际发生的研发费用,未形成无形资产计入当期损益的,在按规定据实扣除的基础上,在 2018 年 1 月 1 日至 2020 年 12 月 31 日期间,再按照实际发生额的 75% 在税前加计扣除;形成无形资产的,在上述期间按照无形资产成本的 175% 在税前摊销。

第4章
慈善捐赠也需要筹划

我相信每次灾难的发生,都会让人们重新认识"慈善",认识"公益性捐助"。

重新认识慈善捐赠

疫情期间,你在朋友圈里最常看到的恐怕除了有关疫情的新闻,就是有关物资紧缺及物资捐赠的消息了。国人甚至买空了全世界的口罩库存,更有许多朋友直接加入了志愿者团队。

马云个人捐款 1 个亿:4000 万元分别捐赠中国科学院和中国工

程院,用于加快病毒疫苗专项研究;6000 万元支持国内外各项顶尖科研人员和机构展开对新冠病毒的预防治疗工作。阿里巴巴设立 10 亿元医疗物资供给专项基金,从海内外直接采购医疗物资,定点送往武汉及湖北省其他城市的医院。

腾讯总计设立 15 亿元抗击新冠病毒保障基金。

波司登捐赠了 15 万件总价值 3 亿元的羽绒服,而且全是当季的高端款。

雅迪第一时间设立了 3000 万元的公益基金用来购买救护车、口罩等医用物资进行捐赠,调动了全球 70 多个国家的经销商资源来寻找物资。

布鲁可积木为疫情一线的医护人员捐赠了价值 1 亿元的积木。

恒安集团至疫情结束,将承包湖北前线女医护人员的卫生巾、经期裤等卫生用品。

中国红十字会总会的公告称,截至 2020 年 2 月 16 日 17 时,他们收到了超过 12 亿元的捐赠款物。

灾难在发生,慈善从未中断。而在这种全国性的事件中,慈善捐赠更是让人记忆深刻。有网友说,他们医院之前物资紧缺,收到的第一批物资是张艺兴捐赠的,以后追星只追张艺兴,收到了波司登捐赠的羽绒服,以后只买波司登穿。

品牌的宣传不是靠自己宣传自己，而是让人们自愿地去为你宣传。而慈善捐赠，在这一点上无疑超过了广告宣传的功效。

你可能会说，慈善捐赠是献爱心，不能贴上经济的标签。如果这样想，你就太不了解经济了，任何捐赠的背后，都有推动经济的因子在。当然，我们今天不是要说公益性捐赠的品牌推动力，我们的主题仍然是税收筹划。

公益性捐赠无论是在企业所得税法上还是在个人所得税法上，都会获得优厚待遇。而这次因为新冠肺炎疫情的税收优惠，更是放宽了诸多限制。但为什么即使条件放宽了，一些企业的捐赠仍然享受不到税收优惠呢？

我以前一直觉得，文件不都是公开的吗？在网上随便查查都能找得到的。后来才发现，原来看懂是一回事，会用是另一回事。

你为什么享受不到税收优惠？

在一个财税工作群里，一个工作人员发消息说，辖区内疫情期间捐赠物资的企业，请上报捐赠情况，之后获得了两家企业的回复。工作人员又问，有相关发票材料、捐赠证明吗？一个回复说没有发票；

一个回复说只有过秤明细,不过好像办事处留有村里面领菜人明细。我在想,人们出去旅游还会发朋友圈打卡留念,怎么捐了 25 吨蔬菜就没有留下任何发票材料、捐赠证明呢?

这种捐赠方式在我们身边很常见,也让我想起了网上报道的一些新闻:小伙放下 500 个口罩后转身就跑,民警都没追上;姑娘放下一箱口罩转身就走……做好事不留名,这是我们的传统美德。和大企业动不动就设立捐赠基金,调动全球资源的捐赠比起来,我们身边发生的多是这种不留名式的捐赠。但采用这种方式,不管是企业还是个人,都没有获得应得的经济上的利益。

首先,我们需要明白,什么是公益性捐赠。

公益性捐赠实际就是企业通过公益性社会组织或者县级(含县级)以上人民政府及其部门,用于《中华人民共和国公益事业捐赠法》规定的公益事业的捐赠。

你看,你必须通过"公益性社会组织"或者政府部门捐赠,你的捐赠得"符合法律规定",还得是被用于"公益事业"的捐赠才可以。

那么,什么组织是公益性社会组织呢?

就是指依法取得公益性捐赠税前扣除资格的社会组织,是同时符合一定条件的慈善组织及其他社会组织。

什么条件呢? 就是下面这 9 条:

1.依法登记,具有法人资格;

2.以发展公益事业为宗旨,且不以营利为目的;

3.全部资产及其增值为该法人所有;

4.收益和营运结余主要用于符合该法人设立目的的事业;

5.终止后的剩余财产不归属任何个人或者营利组织;

6.不经营与其设立目的无关的业务;

7.有健全的财务会计制度;

8.捐赠者不以任何形式参与该法人财产的分配;

9.国务院财政、税务主管部门会同国务院发政部门等登记管理部门规定的其他条件。

是不是觉得看完也无感呀?因为你肯定会有疑问:我哪知道哪个组织同时符合以上9条呀!没关系,每年财政部、税务总局和民政部都会联合公布当年符合税前扣除资格的公益组织名单,目前公布出来的2019年符合条件的有以下几个:

1.中国红十字会总会;

2.中华全国总工会;

3.中国宋庆龄基金会;

4.中国国际人才交流基金会。

目前来说就这 4 个,不过以后还会增加。

知道了公益性组织的名单,还有哪些属于符合规定的公益事业?其实也就是我们常挂嘴边的教育、扶贫等非营利事项,细分下来就是 4 个,准确来说是 4 类:

1.救助灾害、救济贫困、扶助残疾人等困难的社会群体和个人的活动;

2.教育、科学、文化、卫生、体育事业;

3.环境保护、社会公共设施建设;

4.促进社会发展和进步的其他社会公共和福利事业。

也就是说,你的捐赠必须是通过在名单内的公益性组织进行的公益性捐赠,那么企业或个人在捐赠年度内发生的公益性捐赠支出,可按规定进行税前扣除。如果你捐赠的对象不在名单内,或者虽在名单内但企业或个人发生的公益性捐赠支出不属于名单所属年度的,是不能税前扣除的。

不过，捐赠的时候可以指定捐赠物的用途，这也是这次疫情期间公益捐赠的最大进步。

如果上面的企业做到了这两点，通过公益性组织进行了公益事业的捐赠，就能享受企业当年利润总额 12% 以内的部分进行税前扣除的优惠政策了吗？

不能。

因为企业没有凭证，没有捐赠证明，没有能证明企业进行了公益捐赠的捐赠凭据。也就是说，企业必须取得捐赠凭证才行。

因为我国现行法律要求公益性社会组织等机构在接受捐赠时，应当按照行政管理级次分别使用由财政部或者是省、自治区、直辖市财政部门监制或印制的公益事业捐赠票据，并且还得加盖上本单位的印章。而企业或个人在将符合条件的公益性捐赠支出进行企业所得税前扣除时，要留存相关票据备查。

你看，名单内的组织、公益事业、加盖有接受捐赠单位印章的公益性捐赠票据，这些条件都满足了，企业发生的公益性捐赠支出不超过年度利润总额 12% 的部分，才准予扣除，超过 12% 的部分，可以在以后 3 年内在计算应纳税所得额时结转扣除。

所以说，细节决定成败。

但是，凡事都有例外。比如这场谁都没有预料到的新冠疫情，就打得我们措手不及,而我们的税收优惠,针对这场疫情也给予了特别待遇。前面那些细节,统统让道。惊讶不?是不是很迷惑?我刚记住这"致命"的三点细节,怎么说不算就不算了?

不是不算,而是放宽。该有的手续还得有,该要的证明还得要,不然谁知道你是真捐还是诈捐呀。而且这个例外,也只是针对新冠肺炎疫情防控的专属定制。比如说可以直捐,比如说全额扣除,比如说免征增值税。

你看:"自 2020 年 1 月 1 日起,企业和个人直接向承担疫情防治任务的医院捐赠用于应对新型冠状病毒感染的肺炎疫情的物品,允许在计算企业所得税或个人所得税应纳税所得额时全额扣除。"这就是一大突破,希望直捐可以成为常态。

捐赠人可以凭承担疫情防治任务的医院开具的捐赠接收函办理税前扣除事宜。通过公益组织、政府部门捐赠现金的,可以凭公益捐赠银行支付凭证、公益捐赠微信平台转账凭证办理税前扣除。另外,单位和个体工商户将自产、委托加工或购买的货物,通过公益性社会组织和县级以上人民政府及其部门等国家机关,或者直接向承担疫情防治任务的医院,无偿捐赠用于应对新型冠状病毒感染的肺炎疫情的,免征增值税、消费税、城市维护建设税、教育费附加、地方教育附加。

也就是说,恒安集团向一线女医护直接捐赠卫生用品和你通过湖北省人民政府向武汉市民捐赠方便面都是可以免征增值税的。这里捐赠的货物不仅仅局限于医疗防护物资。不过要提醒一点注意的是,这里适用免征增值税政策的,是不得开具增值税专用发票的。

有没有回过味？既然是特别对待,那疫情过去回归正常的时候,就要用正常的要求记住这些细节了。疫情期间虽然可以直捐,也可以全额扣除,但依然是要留有凭据的。

放弃免税权也可能是最优解

免征增值税了,那你们说,你是免还是不免呢？也就是说,你要不要放弃免税权呢？

是不是觉得一头雾水？好不容易国家出台了个免税政策,抓住机遇还来不及呢,你却问我们要不要放弃？这不开玩笑吗？

看过我的书的人可能会明白,我的原则一直是制订多种方案并选取最优解。那么这个免税权放弃与否,还是要根据自己的实际情况测算才好。实际上,放弃免税权,也是一种税收筹划方式。

放弃免税权,就意味着对这笔捐赠需要进行视同销售处理了,并需要计算销项税,此时的捐赠支出是不含增值税的进货成本加上销项税额,而当全额扣除所得税时,捐赠支出不需要缴纳所得税。当然有销项就要缴纳增值税,计算总共减免了多少税款时还是要把这部分增值税及附加扣掉的。

不放弃免税权,免征增值税,此时的捐赠支出是含增值税的进货成本。全额扣除所得税时,这笔支出同样不需要缴纳所得税。

也就是说,减免税额的大小取决于捐赠支出的大小。而捐赠支出的大小又取决于进、销税额的大小。是不是没绕过弯来? 这个时候还是用数字说话比较好。

假如你进了一批方便面,含税价是 113 万元,其中成本是 100 万元,进项税 13 万元,按平时的售价能卖 135.6 万元,金额 135.6÷1.13＝120(万元),销项税就是 120×13％＝15.6(万元)。然后你把它捐了。

放弃免税权时:

捐赠成本＝100＋15.6＝115.6(万元)

增值税＝15.6－13＝2.6(万元)

增值税附加＝2.6×(7％＋3％＋2％)＝0.312(万元)

减免税金＝115.6×25％－2.6－0.312＝25.988(万元)

享受免税时:

捐赠成本＝100＋13＝113(万元)

减免税金＝113×25％＝28.25(万元)

两者之差是:28.25-25.988=2.262(万元)

是不是觉得还是享受免税时获利最多? 真的是这样吗? 放弃免税权时要视同销售,此时的销售收入是可以作为业务招待费和广宣费的计算基数的。我们只以广宣费为例,广宣费的扣除比例是不超过当年销售收入的15%,如果加上这120万元,那么公司当年的广宣费就可以多扣除120×15%=18(万元),相应的少缴企业所得税18×25%=4.5(万元)。显然,4.5万元多于2.262万元。

所以,要不要放弃,取决于自身情况。也就是说,要因地制宜、量体裁衣。

说了这么多,可能有些人都急了,企业的情况与我关系不大,我还是比较关心自己的钱袋子,还是说一下与我们每个人都息息相关的个人所得税吧。

个人捐赠怎么做筹划?

我们都知道,慈善捐赠不分企业和个人,就像献爱心不分男女老少一样,个人捐赠同样也可以享受税收优惠,只不过捐赠额未超过纳税人申报的应纳税所得额30%的部分,可以从其应纳税所得额中扣除。当然也有全额扣除的情况。国务院规定对公益慈善事业捐赠实行全额税前扣除的,从其规定。比如这次的新冠疫情捐赠,就是这种可以全额扣除的情况。除此之外,还记得前面提到的捐赠渠道名单吗?对包括捐赠渠道名单在内的几十家公益性社会组织的捐赠,也可以全额扣除。

比如隔壁老王 2020 年的全年一次性奖金是 145000 元,他选择不并入综合所得,此时需要缴个人所得税 27590 元,但是他当即拿出了 2000 元捐给了宋庆龄基金会,这时他需要缴的个税就变成了 14090 元。也就是说,2000 元的捐款为老王节省了 13500 元的税金。具体计算方法如下:

未捐赠时:

145000÷12＝12083.33(元),对应税率 20％,速算扣除数 1410 元,应纳个人所得税 145000×20％－1410＝27590(元)。

捐赠 2000 元给宋庆龄基金会:(145000－2000)÷12＝11916.67(元),对应税率 10％,速算扣除数 210 元,应纳个人所得税 143000×10％－210＝14090(元)。

此时缴的个税要比没有捐款时少 13500 元(27590－14090＝13500)。

你们看,一个慈善捐赠的举动,就涉及这么多的问题。

你首先要选择捐赠对象，找准捐赠途径，还要保存捐赠手续，最重要的是要拿到对方给开具的合格票据。捐赠物品的还要记得不要开具增值税专用发票。好不容易盼来的减免税收优惠还要考虑要不要放弃免税权。最后发了年终奖也要绞尽脑汁地想要不要帮助那些处于贫困之中需要帮助的人。

挺难的是吧？多想听到李佳琦的"不用考虑，买就对了"，那下面我们就再来两个"宝藏"捐赠项目吧。支持扶贫和赞助、捐赠北京2020年冬奥会，这两个专属项目的捐赠税收优惠给得也是很到位。

就拿支持扶贫来说，它完全可以和其他捐赠事项"和平共处"。什么意思呢？

还是隔壁老王，他的企业2019年度的利润总额为100万元，当年度发生符合条件的扶贫方面的公益性捐赠20万元，发生符合条件的教育方面的公益性捐赠12万元。则2019年度该企业的公益性捐赠支出税前扣除限额为12万元（100万×12%＝12万），教育捐赠支出12万元在扣除限额内，可以全额扣除；扶贫捐赠无须考虑税前扣除限额，准予全额税前据实扣除。2019年度，老王企业的公益性捐赠支出共计32万元，均可在税前全额扣除。

要知道，"目标脱贫地区"可是包括832个国家扶贫开发工作重点县、集中连片特困地区县（新疆阿克苏地区6县1市享受片区政策）和建档立卡贫困村的。你总能找到一个想帮助的地方吧？而且很多的上市公司、知名企业都有自己的"精准扶贫规划"。

小贴士 ____

• 《中华人民共和国企业所得税法实施条例》第五十二条：本条例第五十一条所称公益性社会组织，是指同时符合下列条件的慈善组织以及其他社会组织：

（一）依法登记，具有法人资格；

（二）以发展公益事业为宗旨，且不以营利为目的；

（三）全部资产及其增值为该法人所有；

（四）收益和营运结余主要用于符合该法人设立目的的事业；

（五）终止后的剩余财产不归属任何个人或者营利组织；

（六）不经营与其设立目的无关的业务；

（七）有健全的财务会计制度；

（八）捐赠者不以任何形式参与该法人财产的分配；

（九）国务院财政、税务主管部门会同国务院民政部门等登记管理部门规定的其他条件。

• 《财政部 税务总局关于确认中国红十字会总会等群众团体 2019 年度公益性捐赠税前扣除资格的公告》（财政部 税务总局公告 2019 年第 89 号）

根据《中华人民共和国企业所得税法》及《中华人民共和国企业所得税法实施条例》的有关规定，现将 2019 年度符合公益性捐赠税前扣除资格的群众团体名单公告如下：

1. 中国红十字会总会；

2. 中华全国总工会；

3. 中国宋庆龄基金会；

4. 中国国际人才交流基金会。

• 《中华人民共和国公益事业捐赠法》第三条，本法所称公益事业是指非营利的下列事项：

（一）救助灾害、救济贫困、扶助残疾人等困难的社会群体和个人的活动；

（二）教育、科学、文化、卫生、体育事业；

（三）环境保护、社会公共设施建设；

（四）促进社会发展和进步的其他社会公共和福利事业。

• 《关于公益性捐赠税前扣除有关事项的公告》（财政部 税务总局 民政部公告 2020 年第 27 号）

十一、公益性社会组织、县级以上人民政府及其部门等国家机关在接受捐赠时，应当按照行政管理级次分别使用由财政部或省、自治区、直辖市财政部门监（印）制的公益事业捐赠票据，并加盖本单位的印章。

企业或个人将符合条件的公益性捐赠支出进行税前扣除，应当留存相关票据备查。

• 《财政部 税务总局 国务院扶贫办关于扶贫货物捐赠免征增值税政策的公告》（财政部 税务总局 国务院扶贫办公告 2019 年第 55 号）

一、自 2019 年 1 月 1 日至 2022 年 12 月 31 日,对单位或者个体工商户将自产、委托加工或购买的货物通过公益性社会组织、县级及以上人民政府及其组成部门和直属机构,或直接无偿捐赠给目标脱贫地区的单位和个人,免征增值税。在政策执行期限内,目标脱贫地区实现脱贫的,可继续适用上述政策。

"目标脱贫地区"包括 832 个国家扶贫开发工作重点县、集中连片特困地区县(新疆阿克苏地区 6 县 1 市享受片区政策)和建档立卡贫困村。

• 《财政部 税务总局 海关总署关于北京 2022 年冬奥会和冬残奥会税收政策的通知》(财税〔2017〕60 号)

三、对北京 2022 年冬奥会、冬残奥会、测试赛参与者实行以下税收政策

(一)对企业、社会组织和团体赞助、捐赠北京 2022 年冬奥会、冬残奥会、测试赛的资金、物资、服务支出,在计算企业应纳税所得额时予以全额扣除。

第5章
税收筹划不能碰的红线

—

2018 年最具话题性的事件大家还记得吗？

范冰冰"阴阳合同"偷逃税款的事情。

作为流量明星，范冰冰偷逃税款案几乎占据了 2018 年下半年的所有头条。一个当红女明星因偷逃税被处以 8.84 亿元罚款，该事件的影响迅速扩散并引发整个娱乐圈的自查自纠。

人物、事件、影响范围都是空前的了。本来我没打算说"阴阳合同"，但有朋友说范冰冰的"阴阳合同"是税收筹划的一种方法，为了避免这样的误解继续发生，我觉得还是有必要说一下它为什么不属于税收筹划。

避税与违法仅一线之隔

大家知道"阴阳合同"不仅存在于娱乐圈里，在商品房买卖中，或者建筑施工合同中，都可能会看到"阴阳合同"的身影。那你可能会问了，这些行业都存在"阴阳合同"，而"阴阳合同"确实也避了税，为什么它就不叫税收筹划呢？

还记得我们在前面提出的什么是税收筹划吗？正确运用税收政策，并根据自己的实际情况及战略方向用尽用足。

这句话的第一个词就是"正确"。这是基础，也是最为关键的前提。税收筹划强调的点是合法，只有在合法的前提下所做的规划才是筹划。

那么，我们就有必要先弄清楚什么是"阴阳合同"了。

顾名思义，"阴阳合同"实际上就是对一件事项签两份不同内容的合同。"阳合同"，就是摆在桌面上让人看的。向行政部门报税、报检、报备，使用的都是"阳合同"，它的特点就是涉及金额远远低于真实金额，以达到某些目的并获利。"阴合同"，就是真实的合同，或者是"阳合同"的补充合同，是藏在桌子底下的，是既逃避某些规范又防止双方违约的信任补充体。因其涉及大小两个金额的原因，"阴阳合同"也被称为"大小合同"。

既然有两份合同，哪份合同才是有效的呢？不知道怎么选时，我们可以使用排除法，除去无效的合同即可。

其实《合同法》第五十二条和五十六条就给了我们明确的范围：

第五十二条规定，有下列情形之一的，合同无效：

1. 一方以欺诈、胁迫的手段订立合同，损害国家利益；

2. 恶意串通，损害国家、集体或者第三人利益；

3. 以合法形式掩盖非法目的；

4. 损害社会公共利益；

5. 违反法律、行政法规的强制性规定。

第五十六条规定，无效的合同或者被撤销的合同自始没有法律约束力。合同部分无效，不影响其他部分效力的，其他部分仍然有效。

我们再来看范冰冰的涉事合同，案件通报中只是提到了范冰冰与电影《大轰炸》剧组签的合同，范冰冰在拍摄过程中实际取得片酬3000万元，其中1000万元已经申报纳税，其余2000万元以拆分合同方式偷逃个人所得税 618 万元，少缴营业税及附加 112 万元，合计 730 万元。

范冰冰共签订了两份合同，1000 万元的为"小合同"，2000 万元的为"大合同"，这样将原本 3000 万元的合同拆分后，只针对"小合同"进行申报纳税，而 2000 万元的"大合同"则被隐匿了起来。从通报的表述来看，这种行为就是恶意串通，损害国家利益。看，一不留神，合同还会无效，变成不受法律保护的合同。

签订这样的合同确实达到了少缴税的目的，但这算是筹划吗？

我们来看看《刑法》是怎么说的。

《刑法》第两百零一条规定：纳税人采取欺骗、隐瞒手段进行虚假纳税申报或者不申报，逃避缴纳税款数额较大并且占应纳税额 10% 以上的，处 3 年以下有期徒刑或者拘役，并处罚金；数额巨大并且占应纳税额 30% 以上的，处 3 年以上 7 年以下有期徒刑，并处罚金；对多次实施前两款行为，未经处理的，按照累计数额计算。

所以，这不是筹划使之合理避税，而是违法使之偷逃税款！而范冰冰的这份合同，也为自己带来了 8.84 亿元的罚款。

你可能会说了，范冰冰是因为被举报才被处罚的，如果不被举报，那也算是达到了筹划的目的。打个比喻，这就好比你偷偷拿了邻居家的牛奶，因为没被发现，牛奶就该被你拿走吗？

其实有这种想法的人不是个例,实际生活中也有人存在着这样的认知。他们普遍认为,只要没被查到,就是税收筹划,就不算偷逃税款。可是在法律面前,千万不要存有这样的侥幸心理。

比较普遍的现象是,购买发票冲账。

我们来举一个案例看看。

老王是一家企业的股东,这家企业的经营情况很好,年底有 100 万元的利润,公司决定分红,然后一算,企业要先缴 25% 的企业所得税,剩下的个人要再缴 20% 的个人所得税,一看,到手就剩 60 万元了,40% 都缴了税,太不划算。

于是老王找人给他筹划,对方思考一番后告诉他,让其去某个科技园区注册一家个人独资公司,那个园区对个人独资企业是核定征收个人所得税,税率最高只有 3.5%。然后用这个独资公司的名义给老王担任股东的企业开张发票,这样企业拿到发票可以将其计入成本,老王的独资公司也得到钱了,个人所得税也省了。

老王问:个人独资企业要缴多少税?

对方答:整体的实际税负是 3%＋(0.5%～3.5%)＋0.33%＝3.83%～6.83% 之间。

老王一算,100 万元,按最高算,也只需缴 6.83 万元,比之前要缴的 40 万元税款,这一下就少了 33.17 万元。划算,太划算了!于是火速办理。

筹划前税后所得:100×(1−25％)×(1−20％)＝60(万元)

筹划后税后所得:100×(1−6.83％)＝93.17(万元)

两者之间的差额:93.17−60＝33.17(万元)

你们觉得这个筹划怎么样?

抛开筹划不说,我们先看一下,这个案例运用了地域性税收优惠的政策,使得自己的实际税负降低。

地域性税收优惠

世界上有不少国家和地区对在本国或本地区开办的企业实施税收优惠。比如国际上有名的避税天堂维尔京群岛、百慕大群岛、开曼群岛,还有巴拿马、摩纳哥、卢森堡及让苹果、Facebook 等公司避税的爱尔兰等国家。国内有影视文化公司的避税天堂霍尔果斯、横店影视城所在地浙江东阳、明星工作室齐聚的上海松江区及无锡数字电影产业园(唐德文化及范冰冰创办的爱美神影视,其注册地址就是在无锡）等。

另外还有国家级经济技术开发区、高新技术产业园区、西部大开发地区、民族自治地区，这些地区都有一定的税收优惠政策。比如西部大开发的重庆市、四川省、贵州省、云南省、西藏自治区、陕西省、甘肃省、宁夏回族自治区、青海省、新疆维吾尔自治区、新疆生产建设兵团、内蒙古自治区、广西壮族自治区、湖南湘西土家族苗族自治州、湖北省恩施土家族苗族自治州、吉林省延边朝鲜自治州、江西省赣州市等，这些地区可以享受 15% 的低企业所得税率，或者两免三减半、三免三减半、五免三减半的税收优惠。再比如一些经济技术开发区的增值税实行先征后返、即征即退，还有一些地区的增值税、企业所得税、个人所得税按地方留成的 75%～85% 返还。

就拿我们前文提到的霍尔果斯来说，它被称为国内的税收洼地。我们先看一下它的优惠力度到底有多大。

1. 2010 年 1 月 1 日至 2020 年 12 月 31 日，对在新疆喀什、霍尔果斯两个特殊经济开发区内新办的属于规定范围内的企业，自取得第一笔生产经营收入所属纳税年度起，5 年内免征企业所得税。

2. 新设立的企业，纳税人一个纳税年度内在霍尔果斯园区实际缴纳税款，增值税、营业税、所得税及附加税等当年留存地方财政的总额在 100 万～300 万元、300 万～500 万元、500 万～1000 万元、1000 万～2000 万元、2000 万～5000 万元、5000 万～1 亿元、1 亿元以上的，分别按留存总额 15%、20%、25%、30%、35%、45%、50% 的比率予以奖励。

3.2010 年 1 月 1 日至 2020 年 12 月 31 日期间,对新办的属于《新疆困难地区重点鼓励发展产业企业所得税优惠目录》范围内的企业,自取得第一笔生产经营收入所属纳税年度起,5 年内免征企业所得税,免税期满后,再免征企业 5 年所得税地方分享部分,采取以奖代免的方式,由园区财政局将免征的所得税地方分享部分以奖励的方式对企业进行补助。

4.对新设立的咨询、设计、财务、科研、产权交易、法律、中介、会展、宣传策划、旅行社等服务机构,凡利用伊宁市国有资产不超过300 平方米的,前两年免房租,后三年参考周边市场房租的 50％减免;如无合适国有资产场地,由边合区、伊宁园区负责安置,并按每家企业最高不超过 300 平方米标准,补贴企业前两年 100％房租,补贴后三年 50％房租;如企业在边合区、伊宁园区按规划自建营业建筑,对照周边租金平均价格,按最高不超过 300 平方米标准,执行补贴企业前两年 100％房租,补贴后三年 50％房租。

5.企业在用工中,本市户籍人员比例达到实际用工人数 70％以上,且本市户籍人员同一人次连续签订劳动合同超过 5 年的,经劳动人事部门认定后,按每人 20000 元进行一次性奖励。

6.高新技术企业依法安置本市户籍就业人员,签订 1 年以上劳动合同、执行工资标准高于伊宁市最低工资标准 200 元以上,并缴纳社会保险的企业,用于对本市户籍普工培训所产生的实际费用,给予全额补贴。

这还只是一部分。可以看出,从招人到培训,从租房到缴税,从进口到出口,企业生产全环节都被涵盖了,而且都给予了优惠措施。这就是地域性税收优惠的力度。

看到这里,你是不是觉得老王的税收筹划真是做得太好了。

但是,如果你按这个方法做了,那你可能就得补税了。

江苏税务给范冰冰的处罚单,可以被总结为下面几条:

1. 对范冰冰及其担任法定代表人的企业追缴税款 2.55 亿元,加收滞纳金 0.33 亿元;

2. 对范冰冰采取拆分合同手段隐瞒真实收入偷逃税款处 4 倍罚款计 2.4 亿元;

3. 对其利用工作室账户隐匿个人报酬的真实性质偷逃税款处 3 倍罚款计 2.39 亿元;

4. 对其担任法定代表人的企业少计收入偷逃税款处 1 倍罚款计 94.6 万元;

5. 对其担任法定代表人的两户企业未代扣代缴个人所得税和非法提供便利协助少缴税款各处 0.5 倍罚款,分别计 0.51 亿元、0.65 亿元。

其中的第三条——对其利用工作室账户隐匿个人报酬的真实

性质偷逃税款处 3 倍罚款计 2.39 亿元——判例的依据是《税收征收管理法》第六十三条,那这个六十三条说的是什么呢?

"纳税人伪造、变造、隐匿、擅自销毁账簿、记账凭证,或者在账簿上多列支出或者不列、少列收入,或者经税务机关通知申报而拒不申报或者进行虚假的纳税申报,不缴或者少缴应纳税款的,是偷税。对纳税人偷税的,由税务机关追缴其不缴或者少缴的税款、滞纳金,并处不缴或者少缴的税款 50% 以上 5 倍以下的罚款;构成犯罪的,依法追究刑事责任。"

隐匿报酬、多列支出的前提就是发票,你得需要发票才能进成本列支出呀。所以,老王的筹划中说,成立一个个人独资公司给其所担任股东的公司开张发票,正是这张发票起到的列计成本支出的作用。

这种"走票"的行为就完美诠释了什么是"空壳公司",什么是"虚开发票"。

触动一般反避税调查

可能你要说了,可以雇两个人在这个个人独资公司里待着,顺便也拉拉业务总可以了吧。这里就需要清楚什么是"反避税调查"了。

对滥用税收优惠,滥用税收协定,滥用公司组织形式,利用避税港避税,不具有合理商业目的的,均会导致反避税调查的启动。

也就是说,企业与其关联方之间的业务往来,不符合独立交易原则而减少企业或者其关联方应纳税收入或者所得额的;个人与其关联方之间的业务往来不符合独立交易原则而减少本人或者其关联方应纳税额且无正当理由的;居民个人控制的,或者居民个人和居民企业共同控制的设立在实际税负明显偏低的国家或地区的企业,无合理经营需要,对应当归属于居民个人的利润不作分配或者减少分配的;还有以减少、免除或者推迟缴纳税款为主要目的的行为都将触发一般反避税调查。

"腾讯财经"在 2018 年 10 月发表了一篇文章,文中称记者调查后发现:与霍尔果斯相关的有 2298 家企业状态已经显示为"注销",霍尔果斯市内有 847 家公司状态显示为"注销"。

范冰冰事件曝出后,从 2018 年 6 月开始霍尔果斯迎来了注销潮,8 月 27 日更是出现一天登报 25 则注销公告的情况,以至于《伊犁日报》的版面都不够用了。曾经的税收洼地如今让人避之不及。政策还是那些政策,为什么会出现注销潮呢?

这和有些人觉得老王的筹划方法很有效的原因是一样的。空壳公司+虚开发票,就是个别人去税收洼地注册的目的。"找票"的形式,套开的形式,转让账户的形式,还有签"阴阳合同"的形式等都不是税收筹划。所以说,税收筹划和税收违法仅有一线之隔,一定要清楚:不少缴一分税,是为税收风险把控;不多缴一分税,是为税收筹划。

利用地域性税收优惠进行税收筹划本没有错,利用个人独资等不同的公司形式来进行税收筹划也没有错,但一定要建立在真实合法的企业、合理的商业交易的前提下。交易必须落地而不是只存在于纸上的合同。出台税收优惠政策以推动减税降负本是国家的扶持政策,如果只是形式上符合优惠政策的条件,本质上却是投机取巧,那就不是税收筹划,而是税收违法了。筹划的主要原则就是合法,红线两边便是合法与违法的两重天。

小贴士——

• 《财政部 税务总局关于延长高新技术企业和科技型中小企业亏损结转年限的通知》(财税〔2018〕76 号)

一、自 2018 年 1 月 1 日起,当年具备高新技术企业或科技型中小企业资格(以下统称资格)的企业,其具备资格年度之前 5 个年度发生的尚未弥补完的亏损,准予结转以后年度弥补,最长结转年限由 5 年延长至 10 年。

• 《中华人民共和国企业所得税法》第二十八条:符合条件的小型微利企业,减按 20％的税率征收企业所得税。国家需要重点扶持的高新技术企业,减按 15％ 的税率征收企业所得税。

• 《技术先进型服务企业低税率优惠政策指南》

一、政策指引

(1)自 2017 年 1 月 1 日起,对经认定的技术先进型服务企业(服务外包类),减按 15％ 的税率征收企业所得税。(2)自 2018 年 1 月 1 日起,对经认定的技术先进型服务企业(服务贸易类),减按 15％ 的税率征收企业所得税。

• 《财政部 海关总署 国家税务总局关于深入实施西部大开发战略有关税收政策问题的通知》(财税〔2011〕58 号)

一、对西部地区内资鼓励类产业、外商投资鼓励类产业及优势产业的项目在投资总额内进口的自用设备,在政策规定范围内免征关税。

二、自 2011 年 1 月 1 日至 2020 年 12 月 31 日,对设在西部地区的鼓励类产业企业减按 15％ 的税率征收企业所得税。

上述鼓励类产业企业是指以《西部地区鼓励类产业目录》中规定的产业项目为主营业务,且其主营业务收入占企业收入总额 70％ 以上的企业。《西部地区鼓励类产业目录》另行发布。

三、对西部地区 2010 年 12 月 31 日前新办的、根据《财政部国家税务总局海关总署关于西部大开发税收优惠政策问题的通知》(财税〔2001〕202 号)第二条第三款规定可以享受企业所得税"两免三减半"优惠的交通、电力、水利、邮政、广播电视企业,其享受的企业所得税"两免三减半"优惠可以继续享受到期满为止。

•《中华人民共和国税收征收管理法》第六十三条：纳税人伪造、变造、隐匿、擅自销毁账簿、记账凭证，或者在账簿上多列支出或者不列、少列收入，或者经税务机关通知申报而拒不申报或者进行虚假的纳税申报，不缴或者少缴应纳税款的，是偷税。对纳税人偷税的，由税务机关追缴其不缴或者少缴的税款、滞纳金，并处不缴或者少缴的税款 50％ 以上 5 倍以下的罚款；构成犯罪的，依法追究刑事责任。

中篇：风险管理思维

——找到看不见的黑洞

认识风险、找到黑洞不是结束，有效控制风险才能
安稳生存。

第6章
财务风险是资金链上看不见的黑洞

——

有个小品大家一定都看过吧？那就是赵本山和小沈阳演的《不差钱》，里面有句台词可谓人尽皆知。

小沈阳说："我没别的意思，钱乃身外之物，人这辈子最痛苦的事情是什么？人死了钱没花完。"

赵本山说："还有一个比这更痛苦的呢，就是人活着，钱没了。"

没钱是我们所有人的恐惧，不差钱是我们所有人的渴望。

京瓷的现金流

日前,中国企业创新创业调查(ESIEC)课题组公布了一组关于新冠肺炎疫情下中小微企业生存状态的专项调研结果。基于 2017 年至 2019 年连续 3 年调查的近万家企业样本库,课题组通过电话和网络访问了 2100 余家样本企业,覆盖北京、上海、广东、浙江、河南、辽宁和甘肃五省两(直辖)市。

其中有一项指标让人很惊讶,且出乎人们的意料。这个指标显示:66%的受访企业家表示存在现金流问题,尤其在上海和广东,这一比例超过了 70%;而 63%的受访企业的现金流无法维持 3 个月以上。

如果不是疫情阻断了绝大多数企业的生产,让这些企业面临了前所未有的"空转"时段,它们也无暇思考企业现金流的问题。时代的潮流推动着所有的企业在大海中航行,而疫情的波涛将它们拍打到了沙滩上,待到雨过天晴、风平浪静,我们才意识到"裸泳"的企业挤满了沙滩。

现金流这个财务术语,又一次获得了大家的瞩目。

你可能想到了无数种企业破产的原因,唯独没有想过被一种病毒困得几乎全中国企业停产。和平年代呆久了,都忘了危机的存在。

2016 年,稻盛和夫先生在中国沈阳做了一场以"把萧条看作再发展的飞跃台"为主题的报告,他在报告中说:京瓷从创业以来一直到今天,持续这种脚踏实地的经营,现在京瓷随时可以使用的现金约有7000 亿日元。因为有如此充裕的储备,不管遭遇怎样的萧条都不会很快动摇京瓷经营的根基。

所以他才有底气在危机中对员工说:"即使大企业也因不景气接连破产,我们京瓷仍然可以生存,哪怕两三年销售额为零,员工们也照样有饭吃。"

我查了下京瓷的财报,财报显示,截至 2018 年 3 月 31 日,京瓷账上的现金为 58.46 亿元,而它的销售管理和行政费用只有 25.31 亿元。再往前看京瓷 2015—2017 年同期的现金分别为 52.62 亿元、61.34 亿元、60.45 亿元,而销售管理和行政费用分别是 23.99 亿元、21.77 亿元、23.42 亿元(见表 6-1)。

表 6-1　日本京瓷 2015—2018 年现金与费用情况表

币种:人民币

	至 2015-3-31	至 2016-3-31	至 2017-3-31	至 2018-3-31
现金及短期投资（亿元）	52.62	61.34	60.45	58.46

续表

	至 2015-3-31	至 2016-3-31	至 2017-3-31	至 2018-3-31
销售管理和行政费用(亿元)	23.99	21.77	23.42	25.31

（数据来源于该公司历年年报）

可以看出,京瓷每年的现金都是这些费用的两倍多,虽然不知道京瓷生产人员的工资成本具体是多少,但从财报来看,稻盛和夫真的是有这个底气,即使遇到像现在这种企业停摆的状态,在没有进行任何生产、销售的情况下也可以管员工两三年。

与其焦虑着不知该如何自救,不如好好读一下稻盛和夫先生的这篇报告。

当然,摆在企业眼前最重要的问题是怎么活下去,就像人失血过多会死一样,企业没有血也会死,现金,就是企业的血液。

现金的节流与开源

我们首先要明白,现金就是钱,而现金流就是钱的流动。钱流动的方向就决定着现金是流入还是流出。很显然,当你收到了钱,就是流入,而花钱,就是流出。比如说客户结付了账款、公司贷到了一笔借款,或者收到了投资利息,这些就是流入。而购买的设备、厂房,支付职工工资,偿还贷款,这些就是流出。

企业的流入和流出分经营活动、投资活动和筹资活动。经营活动就是日常的生产经营,主要有销售商品、提供服务、购买原材料、发工资、缴税等;投资活动就是处置股权或固定资产,得到分红等投资收益,购买固定资产、无形资产等;筹资活动就是借入资金、发行股票债券、支付股利、还本付息等。

当企业不能开工,没有现金流入,只有现金流出的时候,就是拼现金储备的时候。盘一下自己的家底,看公司账上的现金和银行存款有多少,还有没有 3 个月内到期的银行票据、有价证券,有的话也加上,然后再算下自己每个月需要支付的人员工资、房租,偿还的贷款等必需支出,只维持最低的生存状态,就能清楚自己能撑几个月了。作为我们个人,可以算一下自己不出去买菜,家里的米面粮油能吃几天。这就是自己的储备量。

存粮到底有多少才够呢?企业要留有多少现金才能活?没有绝对的标准,但可以有一个参考。

经营健康、处于成熟期的企业,最少也需要留够 6 个月的现金。比如在资本市场,投资人一般会要求企业账上需留够 10 个月的现金,有阶段性融资需求的创业公司,一般会建议保证账上现金能支撑 18 个月。因为找到新一轮融资,调整模式需要 18 个月。如果还想要有个指标来把握,那可以比照下现金资产最少不能低于总资产的 10%

这个指标。不过这也需要根据自己所处的行业来估算，但 10％ 差不多是底线了。

稻盛和夫说他属于谨慎小心又爱操心的那一类人，总是想着一旦遭遇萧条该怎么办。我们没遭遇萧条，却遭遇了疫情，假如我们没有遭遇疫情，就可以继续一如既往地经营企业吗？不尽然。

没钱的情况，随时随地都可能出现。所以我们首先要做的就是减少现金流出。当我们没有收入来源时，首先想到的就是节衣缩食活下去。

没错，这条对经营企业同样适用。

首先，盘点一下公司的成本费用支出，找到不必要的支出并砍掉它，另外缩减一切可以缩减的支出。和员工协商减少工作时间或减少薪酬，并且采用递延支付或分期支付薪酬的方法。和房东协商减免房租，或者增加免租期，或者采用递延支付或分期支付的方式支付房租，或者用其他资产抵付房租。和政府相关部门协商减少或暂缓支付相关税费，比如办理税款的延期缴纳，最长可以延期不超过 3 个月的时间，并且批准延期内免予加收滞纳金，这是你的权利。

能租的就不购买，能外包的就不自己组建，能共享的就共享，能用兼职就不用全职，难道你们没有发现吗，在日常管理中，我们对全职员工的要求反而没有对兼职员工那么严格，这也导致全职人员摸鱼的多，而兼职人员的产出效率反而更高。总之一句话，想尽一切办法减少开支，全面控制运营成本。

其次,创造现金流入。

大多数企业都是依靠经营活动获得现金流的。如何提高销售额是每家企业都在探索的方法,当市场饱和或无法销售时,我们就要考虑怎样去寻找蓝海了。比如溜溜梅的产品推广,就是通过宣传青梅文化,特别是将日本的青梅产品消耗量与长寿挂钩,进而推动销量促进现金流入。或者变废为宝,将自己用不到的转租出去。比如携程将自己闲置的呼叫中心出租给招商银行,从而获得现金流入。

除此之外,还可以尝试应收账款融资。如果自己公司账上的应收账款很多,可以将其抵押给金融机构以获得借款。或将其收益权转移给下游,以抵付自己的应付账款。这个方法就像张三欠李四 100 万元,李四欠王五 80 万元,李四和王五协商把张三欠他的 100 万元的收款权转给王五,抵付其所欠款项一样。如果公司已经对应收账款计提了坏账准备,那这种打折转付的情况并不会给公司带来额外的损失。或者你卖给了张三一批产品,你要向李四采购原材料,通过协议让张三向李四支付采购款,这在财务上就叫作收益权转移。

另外,出售或出租固定资产也是获得现金流的方法。变卖存货,可以减少占压资金的困境。如果没有资产可以出租出售,还可以捐赠产品。不要以为捐赠是失去产品,从财务角度来看,完全可以将其看成以物易物——用库存产品去换取品牌宣传,且收益大于以物易物,因为同时也获得了捐赠后的所得税税前抵扣的税收优惠,这也相当于变相售卖了产品。

另外,如果你在产业链中有一定的话语权,而你自己获得贷款又有一定难度的话,可以寻求产业链中的大型企业或国有企业进行委托贷款来获得现金流。但是,要知道,贷款就像一把双刃剑,可以拿来救急却不能饮鸩止渴。

雏鹰农牧的资金链黑洞

还记得雏鹰农牧吗?它没有遭遇萧条,也没有经历疫情,然而它已经在 2019 年 10 月退市了。它因为"猪被饿死了"的答复而被大众所熟知,因为财务造假而被立案调查。但让它最终走向毁灭的,是资金链的断裂。

吞噬雏鹰农牧资金链的黑洞到底是什么呢?

我们通过财务报表里的数据可以得知,截至其退市前发布的2019 年中报显示,雏鹰农牧账上的货币资金是 2.86 亿元,而其马上要归还的借款有多少呢? 86.07 亿元,再加上该公司还有 4.11亿元的长期借款,它的还款压力是 90.18 亿元。显然账上仅有的 2亿元现金面对这巨额的借款就像牙签肉,是抵挡不住这黑洞里的寒风的。

也许你会说没关系,赚钱慢慢还,只要不下牌桌,总有机会翻身。

那么我们来看一下雏鹰农牧 2019 年的经营活动产生的现金净流入，2019 年中报显示是－1 亿元。除了借新债还旧债，它还要支付不菲的借款利息。我们知道，银行放贷也有资质核查，那么雏鹰农牧要借钱就要营造繁荣的假象，这样才有银行等金融机构借钱给它，才能获得资金流入。恶性循环之下，这个黑洞也就越来越大。

雏鹰农牧一开始就很缺钱吗？它又是从什么时候开始掉入这个黑洞的呢？

从雏鹰农牧 2016—2018 年的年报可以看出，2016 年的时候该公司的货币资金还有 41.20 亿元，而 2018 年年报中却只有 4.41 亿元，2016 年的资金储备是 2018 年的 10 倍，是退市时的 20 倍，那个时候天还很蓝，风也很轻，猪还很快乐。它们不用担心被饿死，不用担心没钱买饲料吃。然而得意就容易忘形，危机也总是在最欢乐的时候潜伏着。

再看雏鹰农牧 2014—2018 年的资产负债情况，总资产和总负债都在连年攀升，而跑得最快的是总负债的速度，2016 年的总负债是 102.71 亿元，同比增长了 87.77%。虽然资产也在攀升，但速度终究还是落后于负债一步。2017 年同样的事情继续上演，我们可以注意到雏鹰农牧的资产负债率，从 2015 年的 53.72% 上升到了 2018 年的 87.89%，这个上升速度简直就是"扶摇直上九万里"（见表 6-2）。

表 6-2　雏鹰农牧 2014—2018 年资产负债情况表

币种：人民币

	2014 年	2015 年	2016 年	2017 年	2018 年
总资产（亿元）	72.41	101.81	170.36	228.60	210.67
总负债（亿元）	43.61	54.70	102.71	164.16	185.15
资产负债率	60.23%	53.72%	60.29%	71.81%	87.89%

（数据来源于该公司历年年报）

负债增加了，就要想办法赚钱还债呀。

还好，2016 年公司的经营情况很不错，实现了爆发式的正增长。其经营现金流从 2015 年的 -2.73 亿元增长到了 2016 年的 18.01 亿元。有句话说巅峰即是死亡的开始，这话还真有点道理。2017 年公司的经营状况就遭遇了断崖式的下跌，经营现金流直接跌到了 0.76 亿元。那雏鹰农牧的黑洞究竟开始于什么时候呢？

还记得前面我们说的 2016 年的时候它的负债开始大幅增长吗？对比 2014 至 2018 年的数据（见表 6-3）可以看出，雏鹰农牧在 2015 年提高了借款额度，2015 年的长期借款比 2014 年增加了 4 亿元，增长了 140.34%。2016 年的短期借款更是增加了 19.10 亿元，到了 2017 年，短期借款在上年的基础上又增加了 10.76 亿元，同期长期借款比之上年也增加了 9.16 亿元，借款合计增加 19.92 亿元。另外，2017 年一年内到期的非流动负债是 7.40 亿元，而 2018 年一年内到期的非流动负债为 35.77 亿元，2018 年一年内到期的非流动负债与长短期借款三项合计已达 92.99 亿元。①

表 6-3　雏鹰农牧 2014—2018 年长短期借款情况表

币种：人民币

	2014 年	2015 年	2016 年	2017 年	2018 年
短期借款 （亿元）	15.86	20.32	39.42	50.18	49.34
同比	27.29%	28.14%	93.96%	27.30%	−1.36%
长期借款 （亿元）	2.9	6.97	6.17	15.33	7.88
同比	−54.69%	140.34%	−11.48%	148.47%	−48.59%

（数据来源于该公司历年年报）

也是从 2016 年开始，雏鹰农牧增大了对外投资，但很遗憾，这些投资并没有为企业带来什么现金流入。与此同时，主业也被荒废了。但实际上，危险比这开始得更早。借款、投资、没有营收，更没有现金的流入，资金池在一点点枯竭，黑洞越来越多、越来越大，直到熔断了资金链。

看着这些数据，是不是很触目惊心呢？要是有个预警机制就好了。

还真有。那就是资产负债率。

---

① 　数据来源于该公司年报。

华为、格力和京瓷如何控制财务风险?

当 2014 年公司的资产负债率在 60% 的时候,雏鹰农牧的资金链还在正常运转中;当 2017 年资产负债率超过 70% 的时候,其偿债风险就逐渐突显;当 2018 年超过 85% 的时候,就要警惕资金链是否有发生断裂的可能了。

负债比率越大,企业面临的财务风险越大。虽然拿别人的钱赚钱比较爽,但借债也要在合理范围内,一般认为,资产负债率在 60%～70% 比较合理。

我刚刚说资产负债率有一个合理的范围,但是哲学上讲究用辩证的方法看世界,所以对资产负债率,我们也要用辩证的方法来看,把它拆解开来看。

我们都知道在实际经营中,企业借钱是要还的,这是负债,企业购买原材料要付钱,这也是负债。而借钱是要付利息的,相反要付给供应商的原材料款是没有利息的。另外,向客户预收的货款、要支付给职工的工资、要上缴的税金,这些都是没有利息的。所以,负债可以分为有息负债和无息负债,也就是说,实际上资产负债率也可以拆分为有息资产负债率和无息资产负债率。而无息资产负债率越高,就说明企业在产业链中占据着优势。公司实际上是拿着供应商的钱在周转。这部分负债相比借款造成的有息负债就是有利的负债,也是优良的负债。

我们可以看看华为 2014 年至 2018 年的财务概要,2014—2018 年其资产负债率分别是 67.7%、68%、68.4%、65.2%、65%,可以看出华为的资产负债率始终保持在 65% 左右(见表 6-4),那它的借款和应付账款又怎么样呢?

表 6-4　华为 2014—2018 年资产负债率

	2018		2017	2016	2015	2014
	美元百万元	人民币百万元	人民币百万元			
销售收入	105,191	721,202	603,621	521,574	395,009	288,197
营业利润	10,689	73,287	56,384	47,515	45,786	34,205
营业利润率	10.2%	10.2%	9.3%	9.1%	11.6%	11.9%
净利润	8,656	59,345	47,455	37,052	36,910	27,866
经营活动现金流	10,889	74,659	96,336	49,218	52,300	41,755
现金与短期投资	38,777	265,857	199,943	145,653	125,208	106,036
运营资本	24,921	170,864	118,503	116,231	89,019	78,566
总资产	97,109	665,792	505,225	443,634	372,155	309,773
总借款	10,201	69,941	39,925	44,799	28,986	28,108
所有者权益	33,994	233,065	175,616	140,133	119,069	99,985
资产负债率	65.0%	65.0%	65.2%	68.4%	68.0%	67.7%

注:1、美元金额折算采用2018年期末汇率,即1美元兑6.8561元人民币。

2、本集团于2018年1月1日起应用IFRS 15和IFRS 9及其相关修订进行财务报表编制。相关会计政策变更详细披露在合并财务报表摘要的附注3、4和5中。因准则允许,累计影响数调整至2018年1月1日的权益余额中,比较数据未予以重述。

(表格数据来自华为 2018 年年报)

还是看财报,华为 2018 年的财务报表显示,截至 2018 年年底,华为的应付账款是 943.20 亿元,长、短期借款合计是 699.41 亿元,应付

账款远高于长、短期借款的合计（见表 6-5）。也就是说，华为 65.0％
的资产负债率中绝大部分是由这些无息负债构成的，而有息资产负
债率只有 10.50％。

表 6-5　华为 2018 年的应付账款和长短期负债

财务状况

（人民币百万元）	2018年12月31日	2017年12月31日	同比变动
非流动资产	135,678	99,964	35.7%
流动资产	530,114	405,261	30.8%
资产合计	665,792	505,225	31.8%
其中：现金与短期投资	265,857	199,943	33.0%
应收账款	91,052	106,324	(14.4)%
合同资产	48,276	-	-
存货及其他合同成本	96,545	72,352	33.4%
非流动负债	73,477	42,851	71.5%
其中：长期借款	66,170	38,338	72.6%
流动负债	359,250	286,758	25.3%
其中：短期借款	3,771	1,587	137.7%
应付账款	94,320	72,846	29.5%
合同负债	58,278	-	-
所有者权益	233,065	175,616	32.7%
负债与所有者权益合计	665,792	505,225	31.8%

2018年底，现金与短期投资约达到人民币265,857百万元，同比增长33.0%。

2018年，应收账款周转天数（DSO）为70天，较2017年的63天增加7天；存货周转天数（ITO）为77天，较2017年的71天增加6天；应付账款周转天数（DPO）为77天，较2017年的72天增加5天。

截至2018年底，长短期借款合计人民币69,941百万元，较2017年底的人民币39,925百万元增加了75.2%，主要是保障5G、云、人工智能和智能终端以及面向未来研究与创新、品牌与渠道建设等的持续加大投入。

（表格数据来自华为 2018 年年报）

再来看看格力的情况。从格力电器的财务报表中可以得知，从
2014 年至 2018 年，格力的资产负债率分别是 71.11％、69.96％、
69.88％、68.91％、63.10％（见表 6-6）。资产负债率是在有序下降
的，直到 2018 年的 63.10％。而格力的有息资产负债率是多少呢？
即使是在借款总额最高的 2018 年，它的有息资产负债率也只有
8.78％，比华为还低，2014—2018 年分别是 3.74％、3.88％、5.87％、

8.67％、8.78％。5 年来最低的时候是在 2014 年，为 3.74％。

表 6-6　格力电器 2014—2018 年资产负债情况

币种：人民币

	2014 年	2015 年	2016 年	2017 年	2018 年
资产负债率	71.11％	69.96％	69.88％	68.91％	63.10％
有息资产负债率	3.74％	3.88％	5.87％	8.67％	8.78％

（数据来源于该公司历年年报）

而京瓷的资产负债率，稻盛和夫一直将其控制在 25％以下（见表 6-7）。

表 6-7　日本京瓷 2015—2018 年资产负债情况

币种：美元

	2015 年	2016 年	2017 年	2018 年
总资产(亿元)	251.97	275.46	279.14	296.86
总负债(亿元)	59.84	64.19	62.06	68.88
资产负债率	23.75％	23.30％	22.23％	23.20％

（数据来源于该公司历年年报）

再看雏鹰农牧，2018 年的资产负债率是 87.89％，其中有息资产负债率是 44.14％（92.99÷210.67＝44.14％），即一半以上都是有息资产负债率。每年增加的借款和累计的借款利息，终将雏鹰农牧压在了死亡线上。

当然,资产负债率也要分行业来看,像银行这种金融类的特殊企业,它们的资产负债率就不能以 60%～70% 的范围标准来设定了。比如银行,资产负债率可以达到 90% 以上。像中国银行 2018 年的资产负债率就是 91.89%,中国平安则是 90.43%。

至此,我们应该明白——现金的流动才能串起资金链并使其无限地延伸。现金,无疑是企业生存下去的根源。没有现金,即使愿景再宏大,也只能是空谈。当处于非常时期时,节衣缩食的同时还要开源创收。

想办法缩减。如和员工协商减少工作时间或减薪,与房东协商减免租金或增加免租期,申请办理延期缴纳税款,争取将一切需要支付现金的活动改变为递延支付或分期支付的方式,或者使用其他资产抵付。

想办法创收。改变思维找到自己的蓝海。比如使用应收账款融资,或将收益权转让给下游用以抵付货款,或利用产业链中其他企业委托贷款,或出售或出租一些资产,或捐赠库存以获得品牌的宣传和变相的利润。将固定转化成变动,让现金流动才能创收。

雏鹰农牧一步步地扩充自己的商业帝国,只是在它还没有找到新的增长点的时候就将供养其生存的主业抛弃了。不断的贷款持续加码,无限制扩充,看似因为资金链断裂而破产,实际上是因为忽视了控制负债增长的速度。借债太多却又没有实现盈利,这必然使企业陷入不可持续发展的境地,导致企业迈向死亡。

反观京瓷、华为和格力,即使业务蒸蒸日上,也从来没有忽视过财务风险,并且始终保留有充足的现金,防患于未然。控制资产负债率,尤其是提高无息资产负债率的比例,这才是在用别人的钱生钱。

卡夫卡说,有智慧的人,历来都是悲观主义者,因为悲观,才想着改变一切,乐观的人往往都是肤浅的享乐主义者。稻盛和夫悲观,所以京瓷才保持着 60 多年的盈利。任正非悲观,所以才使华为为我们开创了 5G 时代。悲观,不是让你颓废,而是让你改变和控制。企业可以破产,但人不能破产。认识风险、找到黑洞不是结束,有效控制才能安稳生存。

大家不妨想一想,这像不像我们有些人的人生?听说短视频赚钱,就跑去把抖音、快手账号开个遍。听说炒股赚钱,立马杀入股市,不惜加杠杆也要跟上队,梦想着自己买的股票全部涨停。看到大家都在买房炒房,又砸锅卖铁拿出祖上三代的钱外加银行贷款,还安慰自己是刚需。摊子越铺越大,什么都想做,又什么都做不好,反而次次都沦为他人的"韭菜"。可见管理企业和管理家庭,乃至管理个人的财务状况的思维实际上是相通的。

第7章
被忽视的政策、法律及社会文化风险

读过金庸小说的人都知道,金庸笔下写过一些很著名的毒药,什么七虫七花膏、七心海棠、悲酥清风等,名字都很好听,但都是杀人于无形的毒物,有人甚至给这些毒药做了个排行榜。其中有种毒,名字叫"情花",看过《神雕侠侣》的人应该都对"情花"不陌生吧。它的颜色有很多种,甚是好看,不仅有温暖的黄色,还有娇嫩的粉色、纯洁的白色、梦幻的紫色,像一个个小喇叭倒挂在树枝。可是,无论谁也想不到,这么美丽漂亮的花朵,却是让人疼痛至死的毒药。

它的学名叫曼陀罗,是我国著名的神医华佗用来炼制麻沸散的原料,也是提取号称"魔鬼的呼吸"的东莨菪碱和阿托品的原株。它会麻醉人的中枢神经,也会致人死亡,它是世界上最毒的 10 种植物之一。

在大理洱海旁边的太阳宫,就种着这样一簇簇暖黄色的情花。提起洱海,大家是不是马上想到大理的风花雪月?下关风、上关花、苍山雪、洱海月,点出了大理最有名的四大风景。而在这四景中,洱海又最为人所熟知。海子的诗《面朝大海,春暖花开》中描述的情景令我们每个人都心动不已,在大理能看见洱海的海景房就是这样的存在。在洱海的东岸双廊,就林立着这样大大小小的民宿。开家面朝大海的民宿,拥抱春暖花开的阳光,看着钱流水般的涌进钱包,这画面是不是很惬意呀?

但实际上,现实总是比想象残酷,也一遍遍地教我们要理智。

被忽视的政策风险

2017 年 4 月,洱海流域核心区的餐饮住宿企业全部暂停营业,共有 1806 家需要完成搬迁和腾退。《心花路放》的取景地自在海景客栈的老板告诉《中国青年报》的记者,他是 2014 年以后从上一任老板手中盘下的客栈,转让和装修共花费了 1500 万元,而一家客栈想要回本需要 4~5 年时间。

央视《新闻调查》采访了蝶海月客栈的投资人孙明敏,她 2012 年投资了 3000 万元做这个客栈,而且她的这个项目还是当初大理招商引资引来的投资项目,但现在同样是腾退对象。

关停 15 个月后，根据规定，这些企业要复业首先需要有 7 个证——准建、土地规划、营业执照、卫生、排污、消防、特种行业，但绝大多数客栈都是证件不全或一证都没有，符合标准的只有 111 家。2019 年 9 月《中国日报》报道："2017 年 4 月以来，洱海关闭餐馆客栈 2498 家，目前已恢复营业 1791 家。"

不知道此时已经恢复营业的这 1000 多家客栈里有没有自在海景和蝶海月，两年多停工期间的损失是一笔不菲的支出。是他们不懂投资、不懂经营吗？蝶海月的投资人在开这家客栈前是世界 500 强的高管，年收入 200 万元以上。那是什么原因造成了她 3000 万元的投资额打了水漂呢？

正是因为他们忽视了投资地的法律、政策环境。也就是说，她忽视了经营中可能会遇到的政策风险和法律风险，这在异地经营或海外投资中是常遇到的情况。

复工所要求的 7 证的办理是有窗口期的，而且 7 证的办理一环套着一环。大理在 2016 年 4 月全面停办了排污证，2016 年 8 月又因整顿旅游市场，停止了任何客栈相关证照的办理。起初无论这些证照办得齐不齐，都不影响正常营业，遇到检查时，解决的方法也多是讨价还价，罚款了事。这也就让这些客栈投资人选择性忽视这些证照的办理，以至于在当地政府全面整顿时不得不为自己的心存侥幸而买单。

随后，蝶海月等客栈将大理市政府告上法庭。虽然大理市政府在关于证照办理的问题中承认负有责任，但投资人自己在投资之前就应该考虑到这些因素对企业未来发展的影响,并在开始经营之初就办理好法律规定的相关证照。

上述这些不确定性,就是对政策风险的最好解读。而市场主体自身法律意识淡薄,在经营活动中不考虑法律因素,也会因法律风险而让自己蒙受损失。

除了大理的客栈投资人们遇到的这些情况,相对来说政策风险更多的是与海外市场风险有关。政策风险常常表现在限制投资领域上:比如出于对本国产业安全保护的目的,有些国家会对本国的投资领域进行限制;比如出于防止敏感技术外流的目的,对科技公司投资人进行限制。另外也会表现在设置贸易壁垒上。如制定限制本国高新技术产品出口等知识产权保护政策,开展对进口产品反倾销、反补贴、反垄断等的调查与诉讼等;如对外汇供应实行定量配给,使企业免于陷入资金被冻结的局面;如按高于本国企业的税率征税;如外资公司的部分股权必须由当地投资人持有等。

被退市的汇源果汁

无独有偶,上市公司汇源果汁,同样因为一个决定将自己逼到了绝境。这个品牌相信大家再熟悉不过了,在很长一段时间里,我们在聚餐吃饭时都会要上一瓶汇源果汁,其品牌可谓家喻户晓。在 90 后的眼中,汇源果汁甚至是伴随他们成长的一个品牌。可遗憾的是,曾创造 2007 年港交所规模最大 IPO 的汇源果汁,其资本市场生涯也在 2020 年 3 月 2 日正式终结,从此之后,汇源可能将走向末路了。

为什么这家国民关注度如此高的企业却走向了绝境呢? 这还得从 10 年前的一起收购案说起。

2008 年 9 月 3 日,可口可乐公司宣布计划以 2 倍的溢价,总价 179.2 亿港元全额收购汇源果汁集团有限公司(香港交易所代码:01886)。这个消息震惊了当时的资本市场,因为汇源果汁在高浓度和百分百果汁中占有 40% 的市场份额,而可口可乐则占据着我国碳酸饮料 60% 的市场份额,如果这次可口可乐成功收购汇源,将使可口可乐在中国的饮料市场上占据绝对主导地位。

于是广大网民升起了强烈的民族品牌保卫战的斗争决心,他们化身精神股东,普遍认为这是可口可乐不安好心,强烈要求停止收购。新浪网当时还为此做了一份问卷调查,结果有 55 万名网民参加,其中 80% 的网民投了反对票,60% 的网民不看好汇源被可口可乐收购的前景。

在一周后的 9 月 10 日,于香港举行的汇源果汁中期业绩新闻发布会上,其首席财务官在提到收购案的进程时介绍收购案的下一步工作就是要向中国政府有关部门提交反垄断审查的申请,目前正在等待可口可乐准备相关的申请文件。

可见,事情的关键在于是否能通过反垄断审查。而在商务部经过了长达 198 天的评估调查后,这起收购案最终被直接否决。商务部认为可口可乐收购汇源,会影响和限制竞争,不利于中国果汁行业的健康发展,以"对竞争产生不利影响"为由叫停了收购。这也成为我国《反垄断法》实施后的第一起被否决的收购案。

《反垄断法》到底有什么能耐能将一起跨国收购案否决呢?我们首先得了解《反垄断法》是什么。反垄断法的宗旨就是预防和防止垄断行为,保护市场公平竞争,提高经济运行效率,维护消费者利益和社会公共利益,促进社会主义市场经济健康发展。说了这么多,实际上就是防止市场垄断,保证公平竞争。

《反垄断法》中有一个经营者集中的概念,这个概念说的是经营者之间通过合并、取得股份或者资产、委托经营或联营以及人事兼任等方式形成的控制与被控制状态。也就是说,由于一定规模的经营者集中可能改变市场结构,并进而可能妨碍市场竞争,损害消费者利益,所以,反垄断法从保护消费者或中小企业利益的角度出发,会对这些通过合并、购买或置换股权、通过合同取得控制权的行为进行审查。

与其说它厉害,不如说它对症。

可口可乐在我国的碳酸饮料市场上占有 60% 的份额,如果再收购汇源果汁,就会形成叠加效应,相应地,它对果汁市场的品牌影响力就会增强,也就变相提高了果汁行业的进入门槛,从而进一步挤压中小企业的生存空间。所以这个方案被叫停也就在情理之中了。

然而这个被叫停的收购案,也成了汇源果汁由盛转衰的转折点。汇源为了促成这次收购,达到收购条件,进行了大幅裁员:将员工人数从 2007 年年底的 9722 人减少到 2008 年底的 4935 人,将销售人员则从 3926 人减少到 1160 人,而全国 21 个销售大区的 21 名省级经理已基本离职。这个裁撤程度颇有点自断销售渠道的意味。同时,汇源果汁还在增加资产,提高估值。收购失败后,2009 年汇源首次出现亏损,财报显示截至 2017 年 12 月 31 日,汇源的总负债额为 114.03 亿元。

斩断销售渠道是一夕的事,但要再搭建起来就不容易了。汇源这 10 年基本上靠变卖资产、到处借债度日,成为又一个陷入以贷养贷深渊的企业。

这次触犯《反垄断法》让汇源付出的代价太过沉重,如果不是触动经营者集中反垄断审查制度,也许汇源就完成了它的精彩转型,还会实现朱新礼董事长一直以来的农场梦,向上游扩张,没准又会创造另一个上市公司。

但是,没有如果。汇源是真的缺钱了,它因为欠债不还而被起诉,甚至屡屡出现拿果汁抵债的情况。如果说触犯《反垄断法》让汇源走下神坛,那它 42.82 亿元的违规贷款并且不遵守上市规则进行申报与披露的做法则使它万劫不复。

按照上市规则,上市公司向关联公司的贷款超过总资产比例的 8% 要进行披露。而汇源果汁对向其关联公司的这笔贷款并未及时披露,也没有经过股东批准,以致香港证券交易所对其做出了停牌的公告。而后,汇源果汁也没有达到港交所的相关复牌要求,2019 年 12 月,关联的香港德源资本还被冻结了 41 亿元的资产,汇源也被彻底取消上市。

那么,汇源遭遇的是什么风险呢?我们可以总结为法律风险与合规风险,以及运营风险与财务风险。

触犯《反垄断法》使自己的并购计划失败,此为法律风险。从此经营遭遇滑铁卢后,公司又做出了错误的裁减决定,使自己的营销渠道陷入瘫痪,此为运营风险。违规向关联公司提供超额的短期贷款,此为财务风险。违反法律或监管要求而受到制裁,使企业遭受金融损失,并为企业的信誉带来损失,此为合规风险。

是不是觉得怎么为了使自己能够顺利被收购并卖个好价钱还会触犯法律?向自己控股的公司提供贷款还能遭受停牌?这还真是风险无处不在,就怕你视而不见。

这里就不得不说法律风险和合规风险了,两者看似一样,其实也有着不同。广义上来说,法律风险更容易被人所重视,除了因自身经营不规范引发法律风险外,还有因外部法律环境发生重大变化而造成不利的法律后果的可能性。对于合规风险,则更侧重于行政责任和道德责任的承担,这点不同于法律风险侧重于民事责任的承担,也因此更容易被人们所忽视。

福耀玻璃遭遇的文化冲突

你们有没有看过《美国工厂》？这是一部 2019 年上映的纪录片，获得了第 92 届奥斯卡最佳纪录长片奖。这个影片的主演是曹德旺，福耀玻璃的掌门人。他的福耀玻璃也是继华为之后第二个让我们国人骄傲的企业。骄傲之处来自于最近都在宣传的福耀玻璃在美国成功建厂并获得成功的消息。然而福耀玻璃的美国工厂是建于 2014 年的，于 2016 年投产，可为什么到现在才宣称福耀玻璃在美国建厂成功呢？又为什么还有很多质疑的声音呢？

《纽约时报》曾在 2017 年 6 月 12 日发表了一篇名为《中国工厂遇到了美国工会》的文章，文章说的是福耀玻璃在美国遇到的困境。福耀玻璃正面临着全美汽车工人联合会（UAW）发起的激烈工会运动，以及一名前经理提起的至少 44.2 万美元的索赔诉讼。在美国人看来，"工厂不让旷工""车间里的空气不好""让人的肺活量变小""工作环境不安全"，这些都侵害了他们的权利和利益。

2016 年 11 月，美国联邦职业安全与卫生署（OSHA）对福耀玻璃的一些违规行为处以了逾 22.5 万美元的罚款，后改为 10 万美元，为此福耀又投资了不下 700 万美元用以改善工厂的安全相关问题。2017 年 4 月，福耀工厂宣布对代顿工厂员工进行集体涨薪，涨幅约为

14％～15％,此前福耀美国工人的时薪为17美元。但是即便如此,美
国的工人们仍然心怀不满。这就是发生在美国工厂车间里的文化
冲突。

时薪17美元,一天工作8小时,日薪就是136美元,按2017年
的汇率1美元兑换6.765元人民币来算,一天就是920元人民币,
一个月就将近2万元人民币,这显然比中国工人的薪酬要高得多。
那么美国工厂的工人为什么还是不满足呢? 这就要看背后的美国
工会了。

全美汽车工人联合会是美国最大的独立工会,成立于1936年,
成立后即通过组织罢工、静坐等活动,与美国的福特、通用、克莱斯勒
三大汽车公司谈判,为工人争取到了一系列权利,比如加班工资、带
薪假期、医疗保险、每年的薪资涨幅等。这些丰厚的福利待遇,也为
企业带来了沉重的人力负担。又加上随后爆发的石油危机,克莱斯
勒和通用先后于2009年4月30日和2009年6月1日申请破产保
护,"汽车之城"底特律也于不久后的2013年7月18日破产,从而成
为美国历史上最大的破产城市。

而正是在汽车工人联合会的协助下,福耀美国工厂的11名工人
递交了"工作环境不安全"的联名信,使美国联邦职业安全与卫生署
做出了对福耀玻璃的罚款处罚。

可能连福耀玻璃自己都没意识到会面临这种困境,毕竟这个俄
亥俄州的小镇只有近6000人,而福耀玻璃就提供了2000个工作
岗位,况且还有10亿美元的投资。但是这个困境确实存在,也确实

发生了。而这个困境,也让福耀玻璃认识到,中美两国的工会是不一样的存在。

这个车间里的文化冲突,就是社会文化风险。文化风险就是文化这一不确定性因素给企业的经营活动带来的影响。因为东道国文化与母国文化的差异,直接影响了管理的实践,构成了经营中的文化风险,使公司在一种特定环境中行之有效的管理方式,被应用到另一种文化环境中时,产生了截然相反的效果。另外,员工队伍中的不同文化背景,也会导致组织内部的价值观念、经营思想与决策方式不断面临冲击,使经营与管理陷入困境,为企业带来损失。

同样,我们也要知道文化风险并不是跨国经营活动的专利,在企业并购中同样可能出现因不同的企业文化给企业并购后的经营带来不便,甚至最终导致并购失败的情况。我国是多民族国家,除了不同企业间企业文化不同以外,还有着民族文化的不同。并购活动导致企业双方文化的直接碰撞与交流,企业会面临组织文化与民族文化方面的双重风险。如果一个组织之中存在两种或两种以上的组织文化,那么企业中的任何一个成员都有可能遇到识别组织目标难,甚至还要努力判断针对不同情景应当实施何种行为的情况,从而给组织造成不必要的耗损。

风险也能带来变革与机会

想想经营企业可真不容易呀。除了财务风险，还会遇到政策风险、法律风险，甚至还有社会文化风险。

去大理开家客栈，想"面朝大海、春暖花开"，想"诗和远方"，没想到却被政府的一纸公告打到梦碎，投资收不回，客栈也被关。这个政策风险还真是让人意想不到。

想完成转型与可口可乐合并，没想到却触犯了《反垄断法》，这个似乎与大多数人无关并被我们差点遗忘的法律，却直接导致了这场并购案的失败。自断营销渠道又使汇源果汁这个国民果汁品牌"失血 10 年"。向关联公司违规贷款还不按上市公司规定进行披露，直接导致停牌的处罚，并导致其最终退市离场。汇源果汁遭遇的法律风险与合规风险、运营风险与财务风险最终让其活成了历史。

我们为之骄傲的福耀玻璃，在去美国建厂之初，也因为不同的文化差异而陷入了困境，并为之付出了昂贵的代价。不同地区的社会文化差异永远存在，它没有侥幸，也不会消失。

这时候，大家是不是在想：如果抓紧时间把证件办齐，如果在合同里提前预防可能因政策变动带来的损失，如果不抱有侥幸心理得过且过，如果把收购的股权做些缩减，如果控制贷款额度，如果及时披露……但是，现实世界里没有如果，只有防范。风险永远只能降低，而不能消除，因为风险与生俱来。

那么，面对这随时会出现的风险，我们要怎么做呢？

第一，进行充分的前期调研，对异地投资要特别注意当地文化、法律等的因素可能带来的影响，以免对后续经营带来不必要的麻烦。

第二，异地投资时，尽可能选择条件成熟的地方。对于一些非投资不可的项目，尽量在合同中做出相应的约定。

第三，不要践踏法律，不要践踏人权。

现代心理学创始人荣格有句话是这样说的：当他生活最没有方向的时候，便会开始绘制曼陀罗图案，探寻内心的自我。

我们，也要从自我出发。试试这样的方法论：认识可能出现的风险，提前做好风险推演；相信专家的判断，并勇敢面对；摒弃侥幸心理，并永远远离。但是同时你也要知道，遭遇的风险同时也会带来变革与机会。

还记得西汉名士贾谊所作的《鵩鸟赋》吗？其中有一句话经常被人们挂在嘴边。"祸兮福所倚，福兮祸所伏；忧喜聚门兮，吉凶同域。"

我们知道祸福总是相伴，却总忽视风险的力量，它既能带来损失，同时也能带来变革。

小贴士

- 政策风险是完全或部分由政府官员行使权力和政府组织的行为而产生的不确定性。
- 法律风险是企业在经营过程中因自身经营行为的不规范或者外部法律环境发生重大变化而造成不利法律后果的可能性。
- 社会文化风险是文化的不确定因素给企业经营活动带来的影响。

第 8 章
发票背后的税务风险

——

在财务上，发票不仅仅被视为可以记入成本的票据，在我看来，发票体现的更是企业背后的行为指向。看发票不是仅去看一张张发票上的数字，更要看发票所指向的行为。所以发票对于企业管理来说是非常重要的。

发票大家都不陌生，我们平时吃饭停车都能获取发票，有些人觉得发票没什么用处，日常没有养成消费完索取发票的习惯。而有些人却觉得，发票总是不够用。有需求，就有利可图，于是发票也就成了一种交易的标的。有人看到了里面的"商机"，就进行了产业化发展。

因为工作的关系，我总是对一些税务违法的新闻特别敏感，最近新华社的一篇报道就引起了我的注意。这是新华社 2019 年 11 月的一篇报道，说的是南京破获了一起虚开发票的案件，虚开发票金额累计超过 20 亿元。很显然，虚开发票已经产业链化，这将使虚开的规模扩大化。

虚开发票的产业链化

这则新闻里介绍了犯罪嫌疑人通过设立大量"空壳公司",从一些黄金珠宝类公司以极低的费率购买消费者不需要的正规发票,再以虚设"加工厂"生产销售电解铜的名义,从正规渠道进行抵扣并申购新发票。之后,将申购的发票以 2％～3％的费率,通过中间人卖给"虚开公司"。"虚开公司"再以 7％～8％的费率卖给中间人,而那些买票抵扣的公司则以 10％左右的费率从中间人处购买发票用以逃税。

这是一个完整的产业链条,犯罪嫌疑人先是与人合伙,以经营废钢的名义注册了一家"公司"。这家"公司"并不对外营业,而是专门从事"开票"业务。之后,业务不断拓展,其又将"公司"开到国内多个省份,涉案企业达 500 多家。

这是以设立"空壳公司"的方式开出增值税专用发票进行贩卖的例子。你可能会说,只要不成立"空壳公司"开发票,这种事就与自己无关。但是,你有可能会成为这种发票的受票方。

接受虚开增值税专用发票

　　国家税务总局湖北省税务局 2019 年 11 月 21 日发布了一则违法公告——《湖北百汇康药业有限公司重大税收违法案件信息公告(法人)》。在公告中我们可以看到在"主要违法事实"那一栏里说的是："经国家税务总局武汉市税务局第三稽查局检查,发现其在 2016 年 8 月 1 日至 2017 年 2 月 28 日期间,非法取得增值税进项发票 167 份,金额 1598.53 万元,税额 271.75 万元。"也就是说,这家企业接受了虚开的增值税进项发票进行抵扣。处罚情况是,对其追缴税款 271.75 万元,处以罚款 135.87 万元,并移送司法机关。

　　以票控税是我国税收管理的重要方式,发票也是企业列入成本的主要凭证。除了可以作为成本列支以外,对于一些发票也是有抵扣税款的作用的,比如上面说到的增值税专用发票,还有可以抵扣税款的通行费增值税电子普通发票,这些发票是可以抵扣进项税款的。能抵扣的多了,企业所缴纳的增值税就相应地少了。列支的成本多了,企业需要缴纳的所得税就少了。所以发票也就成了企业的"必需"品,尤其是能抵扣进项的增值税发票。

你是不是在想,既然增值税专用发票风险这么大,而有些企业对增值税专票也没有多大需求,不如不要专票,增值税普通发票也同样可以进成本?

接受虚开增值税普通发票

我们再来看一个公告。同样是湖北,这是 2019 年 10 月 23 日湖北省税务局发布的公告——《湖北牧康然畜禽技术服务有限公司重大税收违法案件信息公告(法人)》,主要违法事实是:"经国家税务总局襄阳市税务局第一稽查局检查,发现其在 2017 年 4 月至 2018 年 9 月期间,对外虚开增值税普通发票 97 份,金额 428.71 万元,税额 12.86 万元。"

这是虚开增值税普通发票而受到的稽查。有没有发现? 不管是虚开增值税专用发票还是虚开增值税普通发票,或者接受虚开的增值税发票,都属于违法行为。

2019 年 8 月国家税务总局网站上发布了一组查处数据。2018 年 8 月至 2019 年 8 月,共查处虚开企业 11.54 万户,认定虚开发票 639.33 万份,涉及税额 1129.85 亿元。查处"假出口"企业 2028 户,挽回税款损失 140.83 亿元。并对虚开骗税的违法形态做了归类,简单来说可以总结为"空壳企业""粗暴虚开""走逃失联""配单配票"。

现在我们知道了,不管是虚开增值税专用发票还是虚开增值税普通发票,都是违法行为。那么既然是违法行为,你是不是有个疑惑,到底虚开多少会被移送司法?又要怎么界定呢?到底什么行为才算是虚开虚抵呢?

正确认识虚开虚抵

还是先看一下刑法关于增值税专用发票的相关规定吧。

《刑法》第二百零五条规定:

1.虚开增值税专用发票或者虚开用于骗取出口退税、抵扣税款的其他发票的,处3年以下有期徒刑或者拘役,并处2万元以上20万元以下罚金。

2.虚开的税款数额较大或者有其他严重情节的,处3年以上10年以下有期徒刑,并处5万元以上50万元以下罚金。

3.虚开的税款数额巨大或者有其他特别严重情节的,处10年以上有期徒刑或者无期徒刑,并处 5 万元以上 50 万元以下罚金或者没收财产。

4.单位犯本条规定之罪的,对单位判处罚金,并对其直接负责的主管人员和其他直接责任人员,处 3 年以下有期徒刑或者拘役;虚开的税款数额较大或者有其他严重情节的,处 3 年以上 10 年以下有期徒刑;虚开的税款数额巨大或者有其他特别严重情节的,处 10 年以上有期徒刑或者无期徒刑。

可见,刑法将之划分了三档:虚开——情节严重——情节特别严重。那么,多少算情节严重,多少又算特别严重呢?

关于这个问题还真是众说纷纭,不过从最高人民法院的一份文件里倒是可以判断。2018 年 8 月最高人民法院下发的名为《增值税专用发票定罪量刑标准有关问题的通知》(法〔2018〕226 号)中专门做了说明:虚开的税款数额在 5 万元以上的,以虚开增值税专用发票罪处 3 年以下有期徒刑或者拘役,并处 2 万元以上 20 万元以下罚金;虚开的税款数额在 50 万元以上的,认定为《刑法》第二百零五条规定的"数额较大";虚开的税款数额在 250 万元以上的,认定为《刑法》第二百零五条规定的"数额巨大"。

这是对可以抵扣的增值税专用发票和退税发票的规定,那对于普通发票呢? 有没有规定?

《发票管理办法》第三十七条有规定:"违反规定虚开发票的,由税务机关没收违法所得;虚开金额在 1 万元以下的,可以并处 5 万元以下的罚款；虚开金额超过 1 万元的，并处 5 万元以上 50 万元以下的罚款；构成犯罪的，依法追究刑事责任。"

可以看到，虚开在 1 万元以下的，就会遭到罚款的处罚。如果构成犯罪，就要追究刑事责任了。那到底多少会构成犯罪，是否和虚开增值税专用发票一样的标准呢？

公安部在《最高人民检察院、公安部关于公安机关管辖的刑事案件立案追诉标准的规定（二）的补充规定》（公通字〔2011〕47 号）中给出了立案追诉标准：虚开发票 100 份以上或者虚开金额累计在 40 万元以上的；虽未达到上述数额标准，但 5 年内因虚开发票行为受过行政处罚 2 次以上，又虚开发票的。

对比增值税专用发票，普通发票的金额在 1 万元以下就会罚款，而且是开票金额，而增值税专用发票规定的则是税款数额，那它们的量刑呢，是否也一样？

《刑法》第二百零五条之一虚开发票罪：虚开本法第二百零五条规定以外的其他发票，情节严重的，处 2 年以下有期徒刑、拘役或者管制，并处罚金；情节特别严重的，处 2 年以上 7 年以下有期徒刑，并处罚金。单位犯前款罪的，对单位判处罚金，并对其直接负责的主管人员和其他直接责任人员，依照前款的规定处罚。

那么问题来了，什么情节算严重，什么又算特别严重？

有个叫何观舒的律师对比了 2018 年和 2019 年的 7 个案例，最后发现不同的法院对于虚开发票罪的"情节特别严重"的认定标准并不一致。比如有些法院将虚开发票金额 400 多万元认定为"情节特别严重",而有些法院对虚开发票金额达到 500 万元,甚至 1000 万元,也只认定为"情节严重",即使是相近的金额,也会做出不同的认定标准。

但是不管多少,都得出一个结论,也就是法律对虚开是绝不姑息的,不管是在立案还是量刑上,都没有手软。量刑和界定都明白了,但现实中最让你迷惑的还是"到底什么是虚开",对吗? 法律上对此给出的明确说法可以总结为——为他人虚开、为自己虚开、让他人为自己虚开、介绍他人虚开,这些开具与实际情况不符的发票都是虚开行为。

但这些高度概括的精简话语颇让我们不好把握。简单来说我们可以理解为:没有实际购销货物或提供劳务的;或者是有实际购销货物或接受了劳务却开具的数量、金额不实的;或者有实际经营活动,却让他人为自己代开增值税专用发票的。

简而言之就是:无中生有、随意夸大、中间介绍。可以理解为:完全没有实际交易行为而开具增值税专用发票的行为。在真正交易情况上扩大交易金额,以达到少缴增值税的开具增值税专用发票行为。还有利用自身社会关系,介绍他人互相虚开以及接受虚开的行为。

总结起来没几个字,但实际生活中却是各种各样的情况都有可能遇到。比如就有这么一则公布在《中国税务报》上的案件,让你发现现实中的虚开简直比电视剧情节还精彩。

案件中的这家公司是一家商贸企业,没有自己的仓库,所以采用的是客户到供货方的仓库自提的方式。实际上,这家公司就是一个中间商的身份。这样的经营模式,怎么会带来税收稽查呢?

原来这家公司将从上游进的货物改变了货物名称后卖给了下游。也就是说,这家公司从上游进货时,发票上写的是"3♯粗白油",但他卖给下游时,将货物名称变更为"燃料油"。销非所购,变票虚开,这就导致下游企业偷逃了消费税等税款。

在这个案例中值得注意的是,这家公司的上、下游,实际上是关联公司,它的下游公司的业务经理,是它的上游公司的实际控制人。这家公司的负责人认为因为是朋友的介绍,并且采用客户到供货方仓库自提的方式,就觉得无比放心,认为生意好做又有钱赚,而自己通常又不实际到场做货物交接,并听信上游的话随意变更品名开票,结果掉到了上、下游的局中。在 2018 年 3—5 月期间,这家公司取得货物名称为"3♯粗白油"等非消费税应税货物增值税专用发票 35 份,价税合计 2035 万元。对外"销售"时,向下游企业变票开具了名为"燃料油"(消费税应税项目)的 19 份增值税专用发票价税合计 2059 万元。最终换来了税务机关的追缴税款,加收税收滞纳金及罚款 2043 万元的处理决定,并移送公安机关查处。

这还真让人感慨该公司负责人的风险意识。虽然是被做局陷害,但却造成了国家税款的流失。由此可见,发票的事可真大意不得。

你们看,骗子的手段五花八门,总是利用人性的弱点来出击,可谓十击九中。我们能不能做到十中之一呢?可以!

如何避免虚开虚抵？

不管是"空壳公司"的业务虚开，还是"走逃失联"的异常发票，抑或是简单粗暴的暴力虚开，企业不管收到哪一种虚开发票，随之都会带来相应的税收风险。所以在购进货物获取发票，或者是对外销售开出发票时，不仅要擦亮眼睛看清楚问题，还要从思想上警觉虚开发票的现象与手段。在整个交易环节，都要保持足够的重视。

在新客户开发阶段，交易前一定要做好对方的资质审查，充分了解你的交易对象，对其经营状况、规模、经营资质等都要了解清楚。可以借助公开渠道核查企业信息，通过全国组织机构统一社会信用代码数据服务中心（https：//www.cods.org.cn/）核查企业信息，还可以通过客户所在的当地税务局网站核查企业有无违法记录。这些都能起到一定的作用。

对于决定与之合作后的交易过程，也要保持警觉。一定要使用正规的途径进行账款划拨，划款时的银行账号一定要与发票进行核对，如发现不符可以暂缓付款，进一步进行审查。对于收受的票据也要核实清楚，避免票据到期不能兑付，或者收到虚假票据的情况发生。

另外，对于收取的发票也要仔细核对。可以与合同、出库单、托运单、营业执照、银行账户等相关信息核对是否相符。检查发票项目有没有填列完全、正确,如果有附清单或明细的,这些所附的清单或明细是否齐全。特别是相关发票的备注栏有没有按要求填写,发票有没有连续顶格开具的情况。必要时可以通过国税网站的发票核查系统核查发票的流转及真伪情况,对于存在疑问的发票,可以向税务机关求助查询。切记,开出的发票绝对不能变更货物品名,更不能虚增、虚减数量、金额。最重要的是,不能无交易开票,或将自己公司的富余票卖给他人或者替他人开票。

交易完成后也一定要留存相关凭证,整理归档,如果发现自己上当受骗了,也可以通过自己留存的证据依法追偿。

简单来说可以归纳为 3 句话,24 字方针:"交易前的资质评估,交易中的谨慎核对,交易后的整理归档。"

高阳在《胡雪岩全传·平步青云》中写道:"君子爱财,取之有道,该当你老夫子的,自然当仁不让。"发票上的事本无小事,更无侥幸。别为了一张发票,贪小利而失大节。

小贴士——

- 《关于虚开增值税专用发票定罪量刑标准有关问题的通知》（法〔2018〕226 号）第二条：在新的司法解释颁行前，对虚开增税专用发票刑事案件定罪量刑的数额标准，可以参照《最高人民法院关于审理骗取出口退税刑事案件具体应用法律若干问题的解释》（法释〔2002〕30 号）第三条的规定执行。即虚开的税款数额在 5 万元以上的，以虚开增值税专用发票罪处 3 年以下有期徒刑或者拘役，并处 2 万元以上 20 万元以下罚金；虚开的税款数额在 50 万元以上的，认定为《刑法》第二百零五条规定的"数额较大"；虚开的税款数额在 250 万元以上的，认定为刑法第二百零五条规定的"数额巨大"。

- 《最高人民检察院、公安部关于公安机关管辖的刑事案件立案追诉标准的规定（二）的补充规定》（公通字〔2011〕47 号）

二、在《立案追诉标准（二）》中增加第六十一条之一：〔虚开发票案（《刑法》第二百零五条之一）〕虚开《刑法》第二百零五条规定以外的其他发票，涉嫌下列情形之一的，应予立案追诉：

（一）虚开发票 100 份以上或者虚开金额累计在 40 万元以上的；

127

（二）虽未达到上述数额标准，但5年内因虚开发票行为受过行政处罚2次以上，又虚开发票的；

（三）其他情节严重的情形。

• 《刑法》第二百零五条之一（虚开发票罪）虚开本法第二百零五条规定以外的其他发票，情节严重的，处2年以下有期徒刑、拘役或者管制，并处罚金；情节特别严重的，处2年以上7年以下有期徒刑，并处罚金。

单位犯前款罪的，对单位判处罚金，并对其直接负责的主管人员和其他直接责任人员，依照前款的规定处罚。

第 9 章
防守的内控底线

━

拉夏贝尔的发展战略风险

不知道你们有没有听说过一个服装品牌,一家被称为"中国的Zara"的服装上市公司——拉夏贝尔。这家上市公司于 2020 年 2 月 25 日公布了一则公告,公示其控股子公司破产清算的进展情况。这家被破产清算的子公司叫"杰克沃克",是其旗下的男装品牌,2019 年向法院申请破产,而这家公司已经不是拉夏贝尔抛弃的第一家子公司了,2019 年年初它就出售了旗下的七格格等多个品牌,后又相继出售了一些全资子公司。

这么一家曾经开满大大小小商场的服装公司,旗下的门店怎么说没就没了?子公司怎么说破产就破产了呢?

从拉夏贝尔的年报中可以看出,拉夏贝尔的公司门店在2014—2018年的期末数量分别为6887家、7893家、8907家、9448家、9269家,平均每年增长476家。这是什么概念呢?就是每天都会有1家以上的新店开业。这个速度着实有些猛。拉夏贝尔的年报介绍,公司实行的经营模式为多品牌+直营的战略,这个模式会通过主品牌带动其他品牌。我们所熟知的联合利华也采用这种模式,力士、奥妙、中华、立顿、和路雪等都是来自联合利华。但有时,这个模式也会稀释主品牌的影响力,使其丧失核心竞争力。如果在主品牌还没有足够强大的时候就推进多品牌共同发展,必然会连主品牌也被拖累到自顾不暇。而直营的模式本身就很耗成本,多品牌+直营,无疑会使产品、门店、运营等成本激增,拖累公司的整体运转,同时也会使门店服务、品牌形象等出现问题。如果产品销量好,自然这些问题都不成问题,如果销量上不去,那这些门店就会变成积压品的陈列厅,同时库存也会激增。商品大量滞销不能转化为现金,而门店运营又需要大量的资金投入,这就会进入恶性循环。

拉夏贝尔的财报显示,2018年12月底的总成本是104.71亿元,2019年9月底的总成本是70.77亿元,而营收呢?2018年12月底的营收是101.76亿元,2019年9月底的营收是57.57亿元,可以看出,拉夏贝尔的收入已经覆盖不住成本了。这也导致拉夏贝尔2018年的利润出现了负数,而2019年的利润,同样难逃负数的命运。值得注意的是,截至2019年9月底,拉夏贝尔账上还有21.99亿元的存货,如果这些存货处理不掉,未来同样会影响利润。

作为国内首家"A＋H"两地上市的服装企业,连续两年利润为负,可不是个好消息。所以才出现了本章开头的控股子公司被破产清算的公告,这也是公司为了缓解亏损的自救之举。剥离公司的不良资产,砍掉多余的品牌,减轻负担,也可以看成是该公司的"断臂求生"之举了。

企业一做大,就想采用多元化战略发展,认为这样获利点就会增多。但涉足越多,成本也会相应增加,如果成本不能优化,再出现一两个获利点并不能为企业带来预期盈利的情况,反而会出现入不敷出的景象。这个风险我们称之为发展战略风险。发展战略过于激进,脱离企业实际能力或偏离主业,可能导致企业过度扩张,甚至经营失败。

拉夏贝尔的"断臂求生",目前来说还没有看到成效。而且,战略转型,也是要付出代价的。截至 2019 年 6 月 30 日的半年内,拉夏贝尔国内零售网点数量缩减了近 2500 家,从这样的关店速度来看,也会伴随出现房租的违约和赔偿。比如,2019 年 10 月,拉夏贝尔的全资子公司——成都乐微服饰有限公司、成都拉夏贝尔服饰有限公司,与南部县美好家园房地产开发有限公司的诉讼一审完结,法院一审判决成都乐微赔偿美好家园 589.7 万元,成都拉夏贝尔承担连带责任。这一近 600 万元的赔偿诉讼就是因为品牌门店调整引起的,拉夏贝尔提前 10 年结束租赁合同,造成违约赔偿。看这一年来的门店调整频率,后续这类诉讼将不在少数。

所以,我们可以发现发展战略的风险还在于,主观原因的频繁变动可能导致资源浪费,甚至危及企业的生存和持续发展。

拉夏贝尔的发展战略带来的主要后果就是成本激增,截至 2019 年第三季度,财报显示拉夏贝尔的毛利率是 58.96%,这个毛利率还是远高于行业平均水平 33.03% 的。那么导致拉夏贝尔亏损的原因之一可以推定为庞大的期间费用支出了。

避免成本结构失衡的内控方法

截至 2019 年第三季度,拉夏贝尔的销售费用是 39.35 亿元,加上管理费用和财务费用,合计是 44.63 亿元(其中管理费用为 3.80 亿元,财务费用为 1.48 亿元),只销售费用一项就占到了总成本的一半以上(39.35 亿÷70.77 亿=55.60%)。而销售费用率更是达到了 68.35%(销售费用率=销售费用÷营收=39.35 亿÷57.57 亿=68.35%)。也就是说,每获得 1 元钱的营收,就有 0.68 元花在了销售上,管理费用率是 6.60%(管理费用率=管理费用÷营收=3.80 亿÷57.57 亿=6.60%)。根据中国产业信息网公布的《2019 年上半年中国纺织服装行业业绩及在"一带一路"背景下我国纺织服装产业的发展机遇分析》,2016—2019 年上半年服装家纺板块的销售费用率是 23.2%,管理费用率是 4.4%。对比来看,拉夏贝尔 68.35% 的销售费用率不是一般的高。

我们知道,销售费用、管理费用和财务费用统称为期间费用。销

售过程中发生的费用、销售人员的工资等都在销售费用中;管理费用
就是企业管理部门的日常费用,如公司经费、管理人员工资、办公费、
行政支出等;财务费用是企业为筹集生产经营所需资金而发生的各
项费用,如银行手续费、利息支出等。

从管理的角度来说,我们就要将成本和费用分为固定成本和变
动成本了。固定成本是指在一定时期和一定业务量范围内,不受业
务量增减变动影响而保持不变的成本。而固定成本又分约束性固定
成本和酌量性固定成本。如果老板说我们每个月得完成 8 万元的收
入,那么,这 8 万元就是该公司的约束性固定成本,也就是说,公司不
卖一分钱收入,也得支出这些成本。而酌量性固定成本就是公司自
己可以控制的,比如广告费,你可以选择在纽约时代广场投放广告,
也可以选择在微信朋友圈投放广告。再比如职工培训费,你可以送
员工去读哈佛商学院的 MBA,也可以买一些有用的书本组织员工
培训。

所以,进行成本优化,压缩酌量性固定成本,削减不必要的支出,
避免成本结构失衡造成的利润流失风险,也是我们在经营中时刻要
关注的点。

稻盛和夫在讲他的经营之道时说过,利润率高意味着固定费用
低,即使销售额降一些,利润也只是相对减少而已。如果企业利润率
达到 20%、30%,即使销售额降为原先的一半,企业仍可盈利。并提
出彻底削减成本,而他对京瓷的管理理念正是:销售最大化,经费最
小化。

软银帝国的人力资源风险

我们经常说"兵熊熊一个,将熊熊一窝",不怕招到一个没用的员工,就怕招到一个没用的领导。同稻盛和夫一样来自日本的孙正义就备受此方面的烦恼。他不是招到了没用的领导,而是用错了人。

2016 年 10 月,孙正义成立了软银愿景基金,这是一只千亿美元规模的超级基金。孙正义任命米斯拉担任 CEO,而米斯拉也在 2019 年 4 月软银总裁萨玛离职后,成为软银名副其实的二号人物,地位仅次于孙正义。我们要说的,就是这个米斯拉。

米斯拉 2014 年入职,是孙正义亲自挖过来的。他当时的工作是负责一起并购案,工作地点在伦敦。这个既不在硅谷也不在东京的人,却让软银接连失去两名接班人。

2015 年的时候米斯拉开始找人通过私家侦探调查时任软银总裁兼 COO 阿罗拉的工作与生活,包括银行账号和私人邮件,然后将这些消息爆料给小报,并制造出一些负面影响。然后又找来律所,代表"小股东"对软银、阿罗拉和萨玛①发起抗议,质疑阿罗拉主导的投资,

---

① 萨玛,2016 年入职,2019 年离职。米斯拉 2014 年入职,二人曾共事。2019 年,米斯拉掌权。

要求软银董事会对"传闻"里的高管利益输送问题进行调查。虽然后来经过调查发现这些纯属诬告，也为阿罗拉和萨玛恢复了名誉。但"造谣一张嘴，辟谣跑断腿"的定律在哪里都一样。这位主管运营的软银总裁阿罗拉在 2016 年选择了离职，接任者是 2014 年入职担任软银国际控股 CFO 的萨玛，而萨玛最终也于 2019 年 4 月离开了软银。

米斯拉领导的软银愿景基金所重仓加持的 Uber、Wework 等明星项目并没有给其带来预期的利润，反而使其亏得不忍直视，甚至其所加持的一系列明星独角兽企业都出现估值下降的情况，在这些质疑中，"重估孙正义"的声音也出现了。

你们看，孙正义的遭遇告诉我们——招聘的公司管理层能力不足也会给公司带来风险，而且是始料未及的风险。这就是人力资源风险。关键岗位人员决策错误，可能导致人才流失、企业发展战略难以实现，以及企业声誉受损。

是不是惊出一身冷汗？本来招人是想创收的，没想到损失更大。想要招个称心如意的人可真难。所以说，没有最完美的人，只有最合适的人。

前面我们说了多种风险，几乎每个风险中都离不开财务风险。缺乏资金怎么办，应收账款收不回来怎么办，资金链断了怎么办，合同签的税前税后以及开错发票怎么办……加上这节拉夏贝尔和软银的案例，又让我们认识到了企业发展战略的风险和人力资源的风险。

因为多品牌战略＋直营模式，让拉夏贝尔极速扩张，但这并未给这家企业带来更多的收益,反而带来了更多运营成本的支出,随之带来了成本结构失衡的状况,使拉夏贝尔的资产负债率飙升到了2019年第三季度的74%,同比增长了48个百分点。营业收入不断下滑,运营成本居高不下,让拉夏贝尔连续两年亏损,这对于一家上市公司来说可是致命的风险。而随后的调整战略,又带来了租赁违约和诉讼的风险。仿佛风险也会裂变,且每个都很致命。

软银帝国的孙正义更苦恼,他成功投资马云和阿里巴巴积攒下来的功绩,就这么给自己亲自挖来担任软银总裁的人消耗殆尽。软银愿景基金加持的一系列投资被重估,对他来说可是始料未及的。用人不当带来的风险,是会摧毁自己打下的江山的。

找到适合的规避风险方法

那么,怎么规避这些风险呢?

我们在一开始也提到,风险只能降低,不能消除,而降低风险最有效的方法,就是加强内部控制。那你们认为什么是内部控制?领导签字?上级审批?

在这之前,我们要先明白,内部控制的目标是什么。简单来说,内部控制的目标就是取得经营的效率和有效性,确保财务报告的可靠性,并遵循适用的法律法规。

围绕这三点目标,我们可以有两种解决方法供选择:外部解决和/或内部解决。

外部:还记得我在前面说现金流的时候提到怎么省钱吗?其中一个方法就是外包。其实,风险也可以外包。是不是很惊讶?其实两者都是利用产业链进行专业分工,提高运营效率,即所谓专业的事情交给专业的人去做。比如我们可以聘请信用评级公司、保险公司、律师事务所、会计师事务所、风险管理咨询公司等专业机构与我们共担风险。但是我们要知道,外包风险并不能消灭风险,也不是"甩锅",相反,还要注意成本与收益的平衡、商业秘密的保护、外包工作的质量。最重要的是,避免自己产生依赖,因为依赖性会使自己丧失对本能的防护。

其实还有一个重要的考量因素——钱。

内部:请不起外援怎么办?毛主席说过:自己动手,丰衣足食。这就要靠我们自己解决了。企业可以通过建立内控岗位授权、报告、批准制度,建立内控审计检查、风险预警制度,建立岗位权力制衡、不相容职责分离制度等,借用制度化管理来降低风险发生的概率,减少风险带来的影响。

不过一千个人心中有一千个哈姆雷特,同样的方法能得出不一样的效果。因为所有成功的企业都有着自身的独特属性,所以对于这些内控的方法,你可以了解,可以借鉴,但不能照搬。吴建国在《华为团队工作法》中说,华为的人才管理法则来自三位一体——精准选配,加速成长,有效激励。

把华为的三位一体运用到自己的公司,你也变不成华为。知道方法,再结合自身,才能找到最适合自己的。

小贴士▃

- 进行成本优化,压缩酌量性固定成本,削减不必要的支出,避免成本结构失衡造成的利润流失风险。
- 内部控制的目标是取得经营的效率和有效性,确保财务报告的可靠性,遵循适用的法律法规。
- 内部控制风险的外部解决方法:与信用评级公司、保险公司、律师事务所、会计师事务所、风险管理咨询公司等专业机构合作。内部解决方法:建立内控岗位授权、报告、批准制度;建立内控审计检查、风险预警制度;建立岗位权力制衡、不相容职责分离制度。

下篇:财报审读思维

——如何练就一双火眼金睛

财务报表分析的过程就是排雷、扫雷的过程。如果符合逻辑,则排除"地雷";如果不符合逻辑,则大概率就是地雷了。

第10章
换个角度重新认识财务报告

你们炒股吗？那你们是怎么判断这只股票值不值得买呢？去投资、并购一家公司时，你们又是如何判断这家公司值不值得投资，适不适合并购呢？

有一个很简单的方法，那就是看对方的财务报告，根据财务数据来做出判断。但很多人都表示看不懂财务报表，或不知道该怎么去看一家公司的财务报表。我们接下来就说说怎么去解读一家公司的财务报表吧。

读懂审计意见

其实我们看财务报表,要学会借力,这个力怎么借?

我们知道,经审计的财务报告都会有注册会计师的审计意见,这就相当于注册会计师们已经帮我们把了一道关了,这个力,就从注册会计师对审计报告的审计意见处借。

首先我们要明白,审计意见是注册会计师对一家公司的财务报告情况给出的意见表示。审计意见通常分为四种,即无保留意见、无法表示意见、保留意见、否定意见。这四种审计意见又被分为两部分,也就是我们通常所说的"标准"审计意见和"非标准"审计意见。"标准"审计意见毫无疑问是针对无保留意见所说的,而剩下的三种情况就被统称为"非标准"审计意见。那是不是可以说,无保留意见的审计报告就是完全没有瑕疵的审计报告呢? 而非无保留意见的审计报告,就是财务造假了呢?

显然不能。

无保留意见是说,注册会计师认为财务报表在所有重大方面都遵循了会计准则及有关规定,并反映了被审计单位的实际情况。也就是说，注册会计师只对财务报表有没有在所有重大方面都遵循了会计准则及有关规定，有没有公允地反映企业的实际情况进行审计，如果以上条件都满足了，所发表的审计意见就可以是无保留意见。我们要明白，注册会计师对于财务报表审计提供的是合理保证，而不是绝对保证。所以只要尽职尽责，程序合法，规则之内，你是不能说注册会计师造假的。

而非无保留意见，也就是除了无保留意见以外的其他审计意见。比如因为雏鹰农牧资产被冻结，雏鹰农牧不能提供子公司的财务报告，以及雏鹰农牧与未被识别为关联方的单位之间存在大额资金往来等，注册会计师不能获得充分、有效的审计证据，所以出具了无法表示意见，这也促使了雏鹰农牧被实行"退市风险警示"特别处理。

对于无法表示意见的审计意见，我们要十分重视。它意味着被审计单位可能存在未发现的错报，很可能产生重大且广泛的影响，但因为审计范围受到了限制，注册会计师们无法获得充分的、适当的证据，于是只能表示无法发表意见。这就相当于有人问你对一个人的看法，却不让你见到这个人，你又能如何做出评价呢？

除了无法表示意见以外，还有否定意见和保留意见。

何为保留意见？顾名思义就是，报表我看了，但我保留我的意见。也就是说，注册会计师可以获得充分、适当的审计证据，这些财务报表就整体而言也是公允的，但是还存在对财务报表产生重大影响的错报，所以只能发表保留意见。或者是审计范围受到限制，无法获取充分、适当的审计证据来作为发表意见的基础，但是这些可能存在的错报却不具有广泛性，也没法做出肯定的意思表示，那就保留意见吧。

是不是听着有些拗口？打个比方来说，就比如别人让你评价一个人，你说："嗯，不好说，说不准，我持保留意见。"就像你去体检，医生检查一番后给你一个"留院观察"的结果一样。表现在财务报告上，就是注册会计师觉得错报虽然单独或汇总起来对财务报表影响重大，但是它不具有广泛性，那就先保留意见吧，观察观察再说。

对于否定意见，简单来说就是直接否决，不认同。简单粗暴，干净利落。也就是说，在获取了充分、适当的审计证据后，一番审计程序走下来，发现错报不管是单独还是汇总起来对财务报表的影响都是既重大又广泛的，那也就没什么好说的了，直接否定——你说的，我完全不认同。根据相关统计，在 2018 年，上市公司中就有 52 家被出具了否定意见的内部控制审计报告。而截至 2018 年年底，A股有多少上市公司呢？近 3600 家。也就是说有 1.44％的企业被出具了持否定意见的内部控制审计报告。这仅是对内部控制进行审计的结果。

除了不同类型的审计意见，还要关注审计报告中带有说明事项的文字。比如"强调事项段""其他事项段"。凡是需要做出说明的事项，都是对我们阅读财务报表有着至关重要的事项。例如，康美药业对"收入""存货"的关键审计事项的说明。

知道了这几种类型的审计意见分别代表着什么含义，我们再看到审计报告的时候就能迅速做出判断了。

审计报告除了我们所看到的几张报表外,还有报告主体和后面的附注。报告主体用来说明形成审计报告的意见,有没有需要单独列示的关键审计事项,以及企业管理层、治理层们对财务报表的责任和注册会计师对财务报表审计的责任。后面的附注则用来说明财务报表中的个别相关事项。

换个角度看资产负债表

对于一家公司来说,通常我们所说的财务报告是由资产负债表、利润表、现金流量表和所有者权益变动表以及报表附注组成的,也就是所谓的四表一注。在这之中,大家见得最多的也就是前两张报表。不过随着大家对现金流的重视,现金流量表也被逐渐提升了地位,也算是崭露头角,争得一席之地了。基本这三张表,就能把我们想知道的讲清楚了。

其实这些表大家并不陌生,我们在很多的经济环境中都见过。比如,家里每个月买了多少菜还剩多少米,家庭巧妇们都会制作一份现金流水日志出来。实际上,这个流水日志就是一张现金流量表。

资产负债表从诞生的那天起就坐稳了老大的地位,真要一表知全貌,也就非它莫属了。你们觉得为什么资产负债表的地位这么高?

　　首先我们知道，资产负债表能告诉我们一家公司的量级。也就是说这家公司处在哪个发展水平，是十万当量的，还是百亿当量的。就像我们看一个人，首先从他的外表打扮上就能判断个七七八八。资产负债表就有这个作用，它能告诉我们这家公司是一叶扁舟型的小船，还是航空母舰级的大船。因为虽然都是船，可价值完全不同。

　　其次，资产负债表还能告诉我们这艘船是怎么来的，是从小船一路换成了大船，还是直接造的就是大船。另外，关于这艘船有没有破，有没有糊了层贴纸装成航母，而这层贴纸是否还是借来的，也能从资产负债表中得到答案。除此之外，它还能告诉我们这艘船有没有一拖三，它是单打独斗还是满堂子孙外加兄弟能让它一呼百应。

　　是不是很好奇这些都是怎么从这一张表中看出来的？

　　让我们先来搞明白资产负债表的性质。首先它是个时点表，也就是说，它告诉我们的是，截止到某一个时间点，这家公司的资产状况如何。而资产负债表的结构，不管是左右结构还是上下结构，它的恒等式都只有一个，那就是：资产＝负债＋所有者权益。

　　总资产就是我们说的量级，总资产的多少也决定着这家企业的大小——大型、小型，还是微型。资产又分为流动资产和非流动资产。花起来方便的，变现能力强的，就是流动资产。比如现金，拿出来就能买到东西；比如存货，产品卖出去就是钱。不好处理的，不好要回来的，不好变现的，就是非流动资产。比如厂房，急着脱手没人买，怎么办？干着急呀。比如长期股权投资，如果对方破产了，那么连带我们的资产也要打水漂的。对方要是经营得风生水起，连带着我们也受益,关键时候还是我们能一呼百应的"兄弟"。

我们的生产经营活动主要依靠流动资产,像水一样,流动起来才能带来生气,各种鱼虾才会多起来。这就是流转的含义。产品卖了就能变成钱,也就是货币资金和应收账款,钱多了就可以买地、盖楼,投资其他公司,也就是固定资产、投资性房地产、长期股权投资。当然也有滥竽充数的鱼虾,我们会在最后一章说说如何把这些鱼虾揪出来。

我们来看,资产都在资产负债表的左边,上面是流动性强的,下面是流动性弱的。而负债和所有者权益在右边,同样是上面流动性强,下面流动性弱。

负债就是我们说的糊船的贴纸是不是借来的。这些早晚要还的,就是我们的负债了。负债也分为流动负债和非流动负债,短期内要还的,比如要付给供应商的采购款,要给职工发放的工资,要上缴给国家的税款,这些都是流动负债。也就是短期借款、应付账款、应付职工薪酬、应交税费。发行了债券或者一年内不用着急还的,就是非流动负债。也就是应付债券、长期借款。

负债又分为需要支付利息的和不需要支付利息的。你看短期借款、长期借款、应付债券就是需要支付利息的。而应付账款、应付职工薪酬、应交税费就是不需要支付利息的。对于需要支付利息的,就要掂量掂量值不值当了。对于不需要支付利息的,那就是能拖多久就多久,既握有资金,又无须付钱,何乐而不为?

最下面的所有者权益就是我们说的这条船是你一步一步由小船逐步换成的大船,还是一开始造的就是大船。也就是实收资本、未分配利润。当然还有资本公积、盈余公积、专项储备。这里讲一下专项储备,它能让我们知道这条船是不是特殊体制的船,比如对交通运输业、煤炭业等高危行业,就需要计提专项储备了。

其实资产负债表就是展示一个公司的循环过程的。它告诉我们,第一颗种子是怎么来的,然后发生了怎样的裂变过程,最后成长、丰收,换回更多的种子。用资产负债表的语言就是,股东投入的实收资本,通过应收账款和应付账款体现出的经营过程,最后变成了未分配利润,然后进入下一个循环。这期间你可以为了扩大规模而借债,也可以引进合伙人而分股权,而最终的目的是,让资产变得更多。

换个角度看利润表

如果说资产负债表是告诉我们公司的循环过程的,那利润表就是告诉我们公司是怎么成长的。

举个例子,我们购入种子,将其培育成植株,进行施肥、除虫,再对收获的种子进行售卖。这个施肥、除虫就是发生的费用,也就是管理费用。要卖种子就得打广告,这就是销售费用。借了钱就得支付利息,这就是财务费用。管理费用、销售费用和财务费用我们将其统称为期间费用。种子要改良,改变一个细胞核让它多结果,这就是研发费用。这些费用的发生就记录了企业成长的经历。

我们将卖种子的钱扣掉购入种子的花费及成长中的花费后,就是我们赚到的利润。在这个过程中,我们还将个别长残了的种子做成永生果卖钱,这就是营业外收入。由于施肥污染了空气,被罚了款,这就是营业外支出。加上这些营业外收入,减去营业外支出后就是我们的利润总额了。当然,我们在地球母亲的怀抱里种下种子,就要给地球母亲以回报,这个回报就是税金。再扣掉这部分税金后,就是我们最终获得的利润了。

我们通常也将利润表叫作损益表,简单来说,这张表是最直白的一张表。因为它就是一个从上往下按照"收入－成本＝利润"的计算过程来表示的报表。它告诉我们的是,一段时间内,我们获得了多少利润。也就是说,利润表是时期表。当然,我们要明白的是,卖种子的收入一定伴随着资产的增加和负债的减少。所以损益表又受资产负债表的影响。

比如,营业收入的增长一定会带来应收账款的增加,也会带来存货的增加,因为要采购更多的原材料去生产产品,卖出的产品多了才会有更多的营业收入。但是,也可能会因存货没有被销售,而使其所产生的成本尚未被记入,从而带来利润的增加。或者直接就挂在预付账款上,推迟办理入库的手续,少结转成本。

我们举个例子,我手里拿的这支笔尚处在生产期,就不能确认为费用,而在销售时,就要确认为费用了。也就是说,生产产品的生产成本,在产品没有销售前,只是在制品或者产成品时,它的形态是一种资产,只有产品销售以后才能作为产品销售成本,转为当期费用。

存货的减少预示着销售活动的发生。

顺着收入,结合资产负债表上的相关项目交叉着看,就把与收入相关的项目都串联了起来,这是一种思路,可以帮助我们更好地理解报表。

换个角度看现金流量表

对于居家小能手来说,现金流量表是最好理解的一张表。它和我们平时记的流水账很像。

你们看,销售商品、提供劳务收到的现金,购买商品、接受劳务支付的现金,这不就是我们卖产品流入的和进货流出的吗?

实际上,现金流量表就是告诉我们现金流动过程的一张表。现金也被我们喻为企业的血液,而现金流量表就是告诉我们,哪个行为是造血小能手,哪个行为是耗血小霸王。

现金流量表把公司的经营过程中的现金活动分为经营活动、投资活动和筹资活动。所以,现金流量表也是按照这三种活动进行分类的。而每个活动又按流入和流出来区分,并汇总出流量净额。一个公司可以没有投资活动和筹资活动,但它一定会有经营活动。

现金流量表披露的经营活动净现金流入,本质上代表了企业自我创造现金的能力,尽管企业取得现金还可以通过对外筹资等途径,但债务本金的偿还最终取决于经营活动的净现金流入。因此,经营活动的净现金流入占总来源的比例越高,企业的财务基础越稳固,支付能力和偿债能力就越强。

你们觉得,现金流量表和资产负债表、利润表有关吗?

其实,现金流量表与资产负债表的关系不可分割,并与利润表关系甚密。简单来说,但凡影响利润表结果的现金流都为经营类现金流,资产负债表左半边的都为投资类现金流,资产负债表右半边的都为筹资类现金流。

比如我们结合资产负债表中的存货,比较销售商品、提供劳务收到的现金与购买商品、接受劳务支付的现金,就可以大体掌握公司的供销状况。流出大于流入时,有可能是库存积压。流入大于流出时,有可能是当期产品提价使收入增加,如果没有提价,则可能就是在吃库存,如果资产负债表中库存正常,就要看本期是否收回了大量的应收账款。

因为现金不能造假,所以现金流量表也就有了一重很重要的身份——验证利润的成分和质量,它就像是监察委员一样的存在。

你们看,资产负债表告诉我们公司的规模,有多少资产又有多少负债,经营情况到底如何。利润表告诉我们公司的利润情况,产品销售到底如何,成本是高还是低,能产生多少利润。而现金流量表告诉我们公司的现金是通过什么方式产生的,现金是正流入还是负流入,未来是否具有可持续经营的能力。

资产负债表、损益表还有现金流量表,这三张报表既是一张张独立的报表,各司其职,告诉我们公司的资产、利润和现金流情况,又是一个环环相扣的报表体系,是一个你中有我、我中有你的存在。它们既相互联系又相互验证,缺了谁都不完整。我们从认识到理解,再到学会财务的思维方式,也就走过了"看山是山,看山不是山,看山还是山"的过程。

小贴士

• 审计意见类型通常分为标准意见和非标准意见,也可以细分为四种,即无保留意见、无法表示意见、保留意见和否定意见。

- 无保留意见：注册会计师认为财务报表在所有重大方面按照适用的财务报告编制基础编制，并实现公允反映时发表的审计意见。

- 无法表示意见：如果无法获取充分、适当的审计证据以作为形成审计意见的基础，但认为未发现的错报对财务报表可能产生的影响重大且具有广泛性，注册会计师应当发表无法表示意见。

- 保留意见：审计人员认为被审计单位的经营活动和会计报表在整体上是公允的，但在个别方面存在重要错误或问题而给予的一种大部分肯定、局部否定的评价。

- 否定意见：在获取充分、适当的审计证据后，如果认为错报无论单独或汇总起来都对财务报表的影响重大且具有广泛性，注册会计师应当发表否定意见。

- 左右结构的资产负债表按流动性呈现出上强下弱的特点。

第 11 章
读懂财务报表之间的逻辑关系

—

数据之间的关系

现在大家都了解资产负债表、利润表和现金流量表的作用了吧，但是不是还是感觉虽然认识了报表，依然会"相顾无相识"呢？

就是觉得虽然知道这些报表都是什么意思了，知道利润表里净利润是负数就说明公司是亏损了，知道资产负债表里资产总额就代表着这家公司的全部家当的总值，也知道现金流量表里是在说钱都花在了什么地方，但就是觉得依然看不懂报表，好像和传说中的一看报表就知道是真是假还隔着点什么。

　　实际上,你想知道的潜台词是——这些数据之间都是什么关系?又要如何去分析这些数据。

　　那就先问一个小问题吧,你和你的邻居都在创业,你一天的营业额是 1000 元,而你的邻居一天的营业额是 10000 元,你是不是会羡慕你的邻居比你赚得多呢?

　　其实他也在羡慕着你。

　　我们看一下,你一天的营业额是 1000 元,但你的成本只有 300 元。而你的邻居一天的营业额是 10000 元,可他的成本是 7000 元。你的毛利率是 70%[(1000−300)÷1000×100%＝70%];而你邻居的毛利率只有 30%[(10000−7000)÷10000×100%＝30%]。虽然你的营业额没有你邻居的高,但你的毛利率却是他的两倍多。所以,不要只看数字表象,高营业额并不代表着高利润率。分析,要找对指标。

　　那要分析一家公司,都要分析什么,又要用什么指标呢? 就像庖丁解牛,从哪下手,使用什么刀呢?

　　我们一般看一家企业无非是想知道这家企业经营得怎么样。所谓怎么样,就是指这家企业有没有钱,能不能盈利,运营有没有问题,未来会不会出现还不起债务的情况,是不是潜力股。实际上这也就是企业的偿债能力、营运能力、盈利能力,当然这里面还蕴含了发展能力和现金流获取能力。因为不管是偿债、营运还是盈利,都需要足够的现金流来支撑,从而使我们判断这家企业是不是一个潜力股。

所以我把发展能力和现金流获取能力糅合起来，分别说一下偿债能力、营运能力和盈利能力。

通过格力电器看懂偿债能力

说起偿债能力，顾名思义就是一家企业有没有钱，会不会出现还不起债务的情况，如果连债务都还不起了，那肯定离破产也不远了。所以偿债，就要先知道有多少负债需要偿还，又有多少资产是可以用来偿还债务的。这自然离不开我们的资产负债率了。所以偿债能力，就要从最常见的资产负债率说起。

资产负债率是负债总额除以资产总额的比率。资产负债率越高，说明企业的债务太多，而可用来还债的资产太少。当资产不能覆盖债务时，就出现了我们所说的资不抵债了，那企业也就很难经营下去了。所以资产负债率也被称为举债经营比率，就是债权人提供的资本占全部资本的比例。

没错，债权人提供的也叫资本。而债权人提供的资本是要归还的，所以对企业来说这是负债。

那负债达到多少时就不能再举债了呢？也就是说，资产负债率达到多少合适呢？

我们通常设置的标准是 70％。如果企业的负债比率过大，所面临的财务风险就大，偿债压力就大。虽然举债能帮助我们增加获取利润的能力，但过高的负债也预示着过大的偿债压力。所以一般资产负债率在 60％～70％之间是比较稳健、合理的。

回想一下，我们之前讲到的雏鹰农牧的资产负债率是多少？

答案是 87.77％。

那么请问，是不是资产负债率超过 70％，就表明公司有偿还不了债务的风险了？

这是格力电器 2000—2014 年长达 15 年间的资产负债率（见图 11-1），可以看出，从 2000 年到 2014 年，这 15 年来格力没有一年的资产负债率是低于 70％的，甚至在 2004 年的时候，它的资产负债率还超过了 80％。实际上，我们都知道格力的实力，你能说格力的资产负债率都超过 70％了，已经资不抵债没有偿债能力了吗？

显然不能。相反，格力 2014 年的资产增长到了 2000 年的 27 倍。

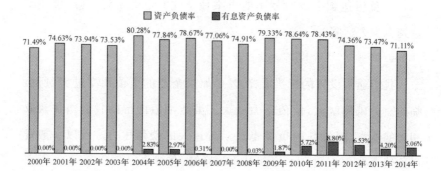

图 11-1　格力电器 2000—2014 年资产负债率（数据来源于该公司历年年报）

那是这个指标不管用吗？要解释这个问题，就要先搞清楚影响资产负债率的负债是由什么组成的。

这些负债中，有些债权人是要收取利息的，比如向银行借的款项，比如公司发放的债券，我们称这些需要支付利息的负债为有息负债。而另一部分负债，如需要支付给职工的工资、需要上缴的税金、需要支付给供应商的采购款、提前收取的客户的货款等，这部分债务是不需要支付利息的，我们称之为无息负债。所以资产负债率就分为有息资产负债率和无息资产负债率。而那部分无息负债，实际上越多越好。因为这预示着企业在产业链中占据着强有力的地位，能够依靠应付账款、预收账款等形式，占用上、下游的资金。

而格力的无息资产负债率是多少呢？我们可以看到，2000—2003 年及 2007 年，它的资产负债率全是无息负债，也就是说，它没有银行借款等有息负债，而即使在 2004 年开始有银行借款时，有息负债率也只占 2.83%，最多的时候也只是 2011 年的 8.8%，而当期的无息负债可是占 70% 的。实际上，格力这是在用上、下游的资金运营本公司,说明它在供应链中是具有强有力的话语权的。

所以看到高企的资产负债率,先不要急着下结论说这家企业快要资不抵债了,而要先看清楚这些负债里包含多少无息负债。只有那些有息负债超过无息负债的,才要特别关注它过高的资产负债率。

除了资产负债率,还有流动比率、速动比率、现金流比率等,也可以用来判断企业的偿债能力。流动资产越多,短期债务越少,则流动比率越大,企业的短期偿债能力越强。速动比率比流动比率更能体现企业偿还短期债务的能力,因为流动资产中包括变现速度较慢且可能已经贬值的存货,因此将流动资产扣除存货再与流动负债对比,可以用来衡量企业的短期偿债能力。

通常来说,流动比率的标准指标是 2(流动比率＝流动资产÷流动负债),速动比率的标准指标是 1[速动比率＝(流动资产－存货)÷流动负债]。但也不能一概而论,因为可能存在高估的情况。比如长期挂账的预付账款就会使流动比率被高估,而赶在出报表前归还负债,也会高估流动比率。

举个例子,隔壁公司的老王看了下这个月的数据,显示公司流动资产 120 万元,流动负债 80 万元,一算流动比率才 1.5(120÷80＝1.5),于是赶在出报表前还了 40 万元的负债,这下流动比率就变成了 2[(120－40)÷(80－40)＝2]。

另外,对于有些特别优秀的企业,越是赚钱,它的流动资产周转速度也就越快,流动资产占用资金量就越小,这样它的流动比率反而会越低,甚至会低于1。所以我们不能因为一家企业流动比率小,就说它偿债能力弱,有很多具有持续竞争性的公司流动比率都小于2。同样,对于一些流动比率大于2的企业,我们也不能一味地认为它的偿债能力就很优秀,因为账上也可能是一些无法迅速用来偿债的存货和应收账款,而拿不出多少有实质作用的货币资金。我们知道流动比率是流动资产除以流动负债,还记得资产负债表中的流动资产都包含什么吗?

所以别被这些指标的表象所欺骗。看到这些指标,要多想一下,再走下一步。

通过贵州茅台看懂营运能力

营运能力实际上就是公司的经营能力,而经营能力就体现在资产的流动性上。企业的经营主要就是进货—销货的过程,从采购原材料投入生产,到完工销售,再到回款,这个过程就是企业营业周期的写照。我们要分析企业的营运能力,就要从存货、应付账款、应收账款等方面下手。

通常我们认为,资产的流动性表现在资产的周转上,周转速度越快,则流动性越强。所以应收账款周转天数、存货周转天数、应付账款周转天数,就决定着公司的现金循环周期,就是一个从投出现金到收回现金的循环全过程。

应收账款周转率(应收账款周转率＝赊销收入÷平均应收账款)的比率越高,说明企业收款的速度越快,应收账款的流动性就越强。应收账款周转天数(应收账款周转天数＝365÷应收账款周转率)就是平均收款期,它用来衡量企业的收账时间。我们拿它和公司的信用政策比较分析,就可以看出公司在应收账款管理上的效率。如果公司的信用期限在 30 天,那么应收账款周转天数就应该小于 30 天,差得太多,就要注意收款政策了。应收账款周转天数过低,说明公司的信用政策太苛刻了,不利于生产经营,可能会丧失掉一部分销售额。周转天数过长,就说明流动性太差,公司在为客户无偿提供资金援助。

不过,这也是要分行业的,并不是对所有的企业都适用。对于零售企业,这个比率指标就不太适用了。比如快餐业、商超等,它们本身就是现金销售,不会存在赊销情况。另外,季节性的波动也会影响到该指标的含金量。绝大多数企业都希望应收账款周转天数越低越好,最好是现销。你看老干妈公司,应收账款就常年为零。

另一类重要的指标就是存货周转率(存货周转率＝营业成本÷平均存货)和存货周转天数(存货周转天数＝365÷存货周转率)。存货周转率越高,说明存货管理效率越高。较高的存货周转率和较低的存货周转天数表明公司具有较好的存货控制能力和较强的流动性。当然了,物极必反,过高的存货周转率也可能说明存货量太少或出现频繁缺货的现象。越低则意味着存货过多,又难以出售,或者货物积压已无法出售。

但是,在具体分析时,同流动比率一样,不能一味套指标。

喝酒的人都知道贵州茅台在酒类产品中的地位,白酒行业"茅五泸"雅称中的"茅"说的就是贵州茅台。这类千年传承、百年兴旺的老店,倒是让人颇为放心。就拿贵州茅台为例,大家可以猜一下贵州茅台的存货周转天数是多少。

这是茅台 1998 年至今的存货周转天数折线图(见图 11-2),截至 2019 年,它的存货周转天数是 1182 天。22 年来的平均存货周转天数是 1313 天。如果你套用指标,说贵州茅台存货周转得太慢,它货物积压,它的产品是滞销产品,岂不是贻笑大方! 所以这个存货周转的指标在白酒行业就要具体情况具体分析了。

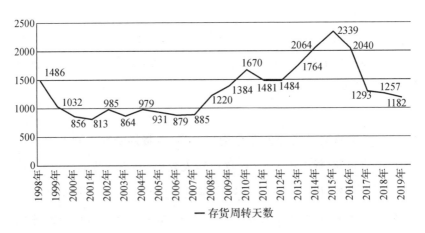

图 11-2 贵州茅台 1998—2019 年存货周转天数

(数据来源于该公司历年年报)

　　而应付账款周转天数（应付账款周转天数＝365÷应付账款周转率，应付账款周转率＝赊购金额÷平均应付款项）却是越长越好，这表明企业使用这些资金的时间也越长，有着良好的供应商关系。但要注意过长的应付账款周转天数会使企业的信用度下降。如果显著高于信用期限，就说明公司有逾期支付款项现象，拖欠了供应商的货款。

　　通俗来讲，存货周转天数＋应收账款周转天数－应付账款周转天数就是现金循环周期，表示从支出现金采购原材料到实现销售收回现金的全过程。理论上，现金循环周期为零最好，这样仅靠使用流动资金就可以赚钱了，自己的钱则可以用来产生新的收益点。如果现金循环周期为负，则对上、下游都具有较强的议价权，库存也低。这也就意味着有息资产负债少，无息资产负债多，这虽然在一定程度上是好事，但也要注意，为负的现金循环周期，流动比率不好看。如果现金循环周期在缩短，则说明企业的资金运用效率和营运收益在提高。通常企业可以采用缩短存货周转期和应收账款周转期，延长应付账款付款期的途径来达到缩短现金循环周期的目的，但同时也要注意过长的付款周期对商业信用的影响。

　　所以分析数据时，一定不要局限在指标里。所有的指标都要根据行业特色来分析，脱离了行业本身的特点，指标会让你误入歧途的。

含金量高低的盈利能力

盈利能力关乎着企业赚取利润的能力。企业的业绩好不好,决定了企业能不能赚钱。业绩好的,公司的盈利能力就强,利润就高。要衡量企业的盈利能力,销售毛利率、销售净利率这样的指标就很重要。除此之外,就是被广为使用的净资产收益率了。前两者多用于做与销售有关的盈利能力分析,被称为判断盈利能力的第一指标,也是基础指标。后者多用于做与投资有关的盈利能力分析,特别是在分析上市公司的盈利能力时较常被使用。

另外盈利不只关乎着业绩,还要有真金白银的流入,不然企业也只会像被拔光了毛的公鸡,无法进行投资与生产,所以还需要使用净现比来辅助判断盈利能力。

销售毛利率

销售毛利率＝[(销售收入－销售成本)÷销售收入]×100%

销售毛利率也叫营业毛利率,是我们获悉盈利能力的第一个指标,它是销售毛利占收入的比率,表示每元销售收入扣除销售成本后,有多少钱可以用于各项费用并最终形成盈利。销售毛利率是判断企业盈利能力的基础,没有足够高的销售毛利率便不能形成盈利。

毛利率通常受行业的限制,所以它一般只能在同行业中才具有可比性。受行业特性的影响,不同行业所表现出的毛利率是互不相同的。与同行业企业相比,毛利率越高,表明企业的产品越富有竞争力,并且说明企业拥有一定的产品定价权,同时也说明企业的成本存在一定的竞争优势。与历史相比,可以看出企业的销售变化与行业变化。

如果毛利率是持续稳定的走高状态,表明企业的产品比较受市场的认可,企业处于成长期,同时也说明企业所处的行业正在复苏或处于上升期,企业处于较好的赛道中。如果毛利率是处于下降通道,则表明企业产品已经失去竞争力,或者是企业失去了成本优势,成本负担过重进而压缩了毛利率的获益空间。也表明行业竞争比较激烈,白热化的竞争往往会使企业产品难以获取较高的毛利率。毛利率的下降也往往可能会伴随着价格战的爆发或成本的失控,这种情况就预示着产品盈利能力的下降。这时就要进一步分析收入与成本的变动情况,以便做出准确的判断。

通常情况下销售毛利率的变化都是比较稳定的,极少会出现忽高忽低的情况,但也不是完全不可能。就像过去靠天种粮食一样,年份好了收成就好,遇到天灾收成就不好,夹缝中求生存的企业也是如此。如果销售毛利率常年忽高忽低,而企业也不去寻求改善,这就不符合常理了。

销售净利率

销售净利率＝(净利润÷销售收入)×100％

　　销售净利率是基于销售毛利率的进一步指标,是净利润占销售收入的比率,反映的是每元销售收入带来的净利润是多少,表示销售收入的收益水平。企业在增加销售收入的同时,必须要相应获取更多的净利润才能使销售净利润保持不变或有所提高。该指标越大,企业的盈利能力越强。

　　使用销售净利率分析盈利能力时,需要对影响净利润的项目进行比较分析,以便找出影响因素,从而判断造成这种结果的原因。销售净利率在销售毛利率的基础上更进一步考虑了期间费用和研发费用、所得税费用等费用因素,以及营业外收入与营业外支出等其他因素对净利率的影响情况。与分析毛利率一样,要查看企业净利率也需要与同行业比,与自己的历史比。可以通过对金额变动和结构变动分别进行分析,找出变动较大的项目,进一步判断真实的盈利。与毛利率一样,净利率也会受到行业差异的影响。同时,通过销售净利率也可以反映出企业的财务管理能力。

净资产收益率

净资产收益率＝总资产净利率×权益乘数

净资产收益率主要用于与投资相关的盈利能力分析，是杜邦分析的核心指标（见图 11-3）。杜邦分析也被称为杜邦分析体系，被广泛用于财务报表分析的过程中。它以净资产收益率为核心，以总资产净利率和权益乘数为分解因素，围绕着一系列的财务指标比率间的内在联系，通过分析对企业的获利能力以及杠杆水平对净资产收益率的影响，以达到对企业的财务状况和经营成果进行综合的系统性评价的目的。

净资产收益率是一个综合性比较强的指标，与销售毛利率以及销售净利率相比，它不受行业的限制，可以用于不同行业企业之间的比较。资本的逐利性决定了人们对拥有高净资产收益率公司的追逐，查理·芒格说过，长期持有一家公司股票的收益率约等于该公司的长期净资产收益率。一家公司的净资产收益率越高，意味着长期持有这家公司股票的收益率也越高，可见净资产收益率的重要性。

净资产收益率可以再度分解为销售净利率与总资产周转率和权益乘数的乘积。净利润与营业收入两者相除所得到的结果可以反映出企业的经营成果，是对企业利润表的一种概括。而权益乘数则是对资产负债表的一种概括，用总资产除以股东权益来表示资产、负债和股东权益的比例关系，可以反映出企业最基本的财务状况。然后通过总资产周转率来把利润表和资产负债表联系起来,也就实现了通过净资产收益率综合分析企业整个经营成果和财务状况的作用。可以看出,处于乘积中的三个比率,无论提高其中的哪个,净资产收益率都会提高。

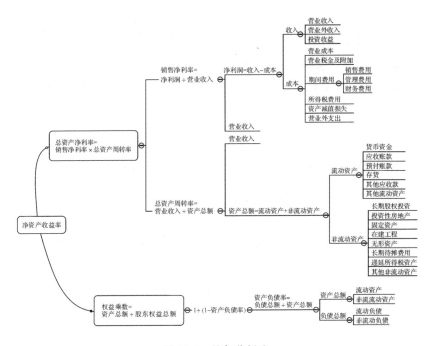

图 11-3　杜邦分析法

　　在不同的企业之间,我们通过对其差异的比较,就可以看出企业的经营战略和财务政策有什么不同。销售净利率和总资产周转率通常用来反映公司的经营战略。而权益乘数,也就是财务杠杆,则可以反映企业的财务政策。

　　有些企业的销售净利率高,而总资产周转率低,我们称之为"高盈利、低周转"。而有些企业的销售净利率低,总资产周转率高,我们称之为"低盈利、高周转"。通常情况下,企业为了提高销售净利率,就要增加产品附加值,这就往往需要增加投资,这样总资产扩大,就会导致总资产周转率的下降。相反,如果为了加快周转,就要降低价格,这就会引起销售净利率的下降。比如销售净利率较高的制造业,它的周转次数都很低,而周转次数较高的零售业,它的销售净利率会很低。两者共同作用,就可以得出总资产净利率,这也是通常用来反映企业运用资产赚取盈利能力的最重要的指标。

在总资产净利率不变的情况下,提高权益乘数可以达到提高净资产收益率的目的,但这也意味着企业在加大财务杠杆,财务风险也就随之增加了。通常来说,总资产净利率较高的企业,它的财务杠杆就会较低,而总资产净利率较低的企业,它的财务杠杆就会较高。也就是说,总资产净利率和财务杠杆是负相关的。

通常情况下,企业为了提高净资产收益率,会倾向于提高企业的财务杠杆,但是加杠杆也就意味着增加企业的财务风险,而债权人一般更倾向于为那些预期未来经营活动现金流量净额比较稳定的企业提供贷款,而企业为了稳定现金流量,要么会降低价格以减少竞争,要么会增加营运资本来防止现金流中断,但这两种做法都会导致企业总资产净利率的下降。换句话说就是,为了提高流动性,只能降低盈利性。因此,经营风险低的企业,可以得到较多的贷款,表现出来的财务杠杆就高。经营风险高的企业,能获得的贷款就很有限,表现出来的财务杠杆就较低。

杜邦分析法妙就妙在它是一个体系,可以层层分解,通过净资产收益率,可以进行公司间的比较,而通过分解净资产收益率,又可以发现影响盈利能力的业务。而层层分解的杜邦分析体系,还可以帮助我们识别出引起变动的原因,并且衡量它的重要性,从而进行下一步的分析。简单来说,就是分析分子与分母的变动对其结果造成了怎样的影响,而这些变动又是什么原因造成的。

比如企业把费用作为资产处理及把费用作为费用的财务处理,就会使得企业的净资产收益率得出不同的数据。再比如无息负债的债权人是不参与企业的利润分享的。这也反映出指标都有这样或那样的自身局限性,所以指标分析要结合着使用,也要进行调整。单一的指标分析并不能为我们提供有效且足够的数据,从而告诉我们企业业绩的好坏,所以财务报表的分析必须结合企业所处的环境以及战略方向,包括企业的商业模式等因素来分析,这就是所谓的"纵向指标看趋势,横向指标看异常"。对比企业的历史数据,看的就是趋势,而拿到整个行业或市场中来分析,看的就是异常与亮点。

净现比

财务报表是用数字写成的故事书,要会用逻辑去听故事,检验故事的可靠性,而不是用技术去看故事,只注重单个指标的数值。要立体性地整合分析,把握全局,而不是只看一点一线的"个人秀"。要寻找数字背后的动机,抓住重点,辨明方向,而不是被牵着鼻子走。现金和利润相比,现金要比利润重要 100 倍,这是企业的"七寸"! 所以净现比就尤为重要了。它是经营活动所产生的现金流量净额与净利

润的比率,用公式表示为:

净现比=经营活动所产生的现金流量净额÷净利润

可以看出,净现比取用的是现金流量表和利润表的数据。也就是说,是从现金流的角度去检验净利润的质量。净现比告诉我们每实现 1 元钱的净利润实际流入了多少元现金。这个指标真真实实地告诉我们企业创造的净利润里有多少是真金白银的利润,有多少是数字游戏,它帮助我们去伪存真。没有现金流入的利润实际上就像屏风上画的翠鸟,再逼真,也只是屏风里的虚物而已。

通过偿债能力分析、营运能力分析、盈利能力分析,我们可以很方便地给企业做一个全方位的 3D 扫描,清楚了解企业的实际经营情况。特别是通过一些指标,我们还可以确定这家企业的产品是否具有竞争力,这家企业是否在产业链中占据强有力的地位,有没有话语权。比如我们前面讲到的资产负债率中的无息负债率,如果无息负债率越高,说明该公司可以占用的上、下游的资本就越多,在产业链中就有着绝对的话语权。比如应收账款周转率越高,表明该公司的赊销期越短,企业的产品在市场中处于非常抢手的地位。你看老干妈公司,经销商都得拿着现钱才能提到货。比如预收账款的多少,也反映了企业产品的竞争能力。同时,预收账款还可以作为企业营业收入的先行指标来看待。又比如应付账款周转率越慢,表明付款期越长,说明该公司可以占用上游供应商的资金越久,这也从侧面反映出该公司在产业链中的地位很强。再比如通过毛利率也可以看出一家公司的产品是否具有竞争力,如果毛利率很高,高于行业水平,说明这家公司的产品很畅销,市场占有率很高,产品竞争力就很强。

但是,无论是通过资产负债率来进行偿债能力分析,还是通过周转率来进行营运能力分析,抑或是通过销售毛利率来进行盈利能力分析,这些分析都需要与企业所处的行业特征相结合。脱离了行业特性本身,一味地套用指标会让我们错失本质。

当然,指标不是万能的,它还取决于所取数字的正确性,也就是会计核算的正确性。而会计核算作为事后核算,其正确性又直接受业务的影响。也就是说,业务活动直接影响着数据分析的结果。所以我们借助数据分析可以找到企业在经营以及管理方面的漏洞,它就像航线分析报告,告诉我们该注意什么、该了解什么,然后根据指示做出改变和行动,在大海中航行,让企业不偏离正确的航道。

小贴士

- 可以通过资产负债率、流动比率、速动比率等来进行偿债能力的分析;通过存货周转率、应收账款周转率、应付账款周转率、现金循环周期等来进行营运能力的分析;通过毛利率、净利率、净资产收益率、净现比等来进行盈利能力的分析。

- 应收账款周转率的比率越高,说明企业收款的速度越快,应收账款的流动性越强。存货周转率越高,说明存货管理效率越高。应付账款周转天数越长,表明企业使用这些资金的时间也越长,有着良好的供应商关系。

- 现金循环周期可以简单用存货周转天数＋应收账款周转天数－应付账款周转天数来计算，表示从支出现金采购原材料到实现销售收回现金的全过程。该指标如果在缩短，则表明企业的资金运用效率和营运收益在提高。可以采用缩短存货周转期和应收账款周转期，延长应付账款付款期的途径来达到缩短现金循环周期的目的，但同时也要注意对商业信用的影响。

- 净资产收益率是一个综合性较强的指标，可以表示为销售净利率×总资产周转率×权益乘数，根据净利润与营业收入两者相除所得到的结果可以分析出企业的经营成果，是对企业利润表的一种概括。而权益乘数则是对资产负债表的一种概括，用总资产除以股东权益来表示资产、负债和股东权益的比例关系，可以反映出企业最基本的财务状况。然后通过总资产周转率来把利润表和资产负债表联系起来，也就实现了净资产收益率综合分析企业整个经营成果和财务状况的作用。无论提高这其中的哪个比率，净资产收益率都会提高。

- 净现比＝经营活动所产生的现金流量净额÷净利润，表示每实现 1 元钱的净利润实际流入了多少元现金。

第 12 章
如何识别出财务报表中的陷阱

——

在财务会计规则的规范下谎话连篇

通过前面的解读，我们对财务报表有了一定的认识，但是报表中存在的财务造假却成了我们研读财报路上的一个个陷阱。查理·芒格说：我们从来不去试图成为非常聪明的人，而是持续地试图别变成蠢货。我们虽不自称是道德高尚的人，但至少有很多即便是合法的事情，我们也不屑于去做。

前面我们认识了财务报表，然后了解了财务报表之间的关系，包括如何从财务报表中看出一家公司的经营情况：它是不是具有一定的偿债能力,实际的运营情况如何,产品有没有竞争力,公司管理有没有问题,未来的发展值不值得期许。但是,这些都是基于财报真实可靠的前提下的。正如芒格的好拍档巴菲特所说:"当企业管理者想解释清楚企业经营的实际情况时,可以在财务会计规则的规范下做到合规地实话实说。但不幸的是,当他们想要弄虚作假时,起码在一部分行业,同样也可以在财务会计规则的规范下做到谎话连篇。如果你不能看明白同样合规的报表究竟说的是真是假,你就不必在投资选股这个行业做下去了。"

看来这几张报表是多么令人"牵肠挂肚"呀,它既可以堂而皇之地弄虚作假,又可以一本正经地胡说八道。是盈余管理还是财务造假?要想不掉入坑,就要先认出陷阱。现在,我们就来看看研读财报路上的陷阱都有哪些吧。

你是如何被乐视的梦想窒息的?

为什么有很多人都认为乐视公司是骗子呢?好多人给出的答案是它在骗钱,而股民为了贾跃亭的梦想却要一次次窒息。根据财新网 2019 年 11 月的报道:"上市公司乐视网的业绩实际上是靠着未上市板块的关联输送、腾挪而来的。乐视体育在 2016 年 3 月完成了 80 亿元的 B 轮融资,融资一到账,就被贾跃亭划走了 40 亿元,其中有 20

多亿元被挪用到了其他生产线。乐视影业曾在私募市场融资 3 轮,共计 15.4 亿元,但贾跃亭前前后后从乐视影业借款超过 10 个亿。"

我们从财报中可以看到,截至 2016 年 8 月,乐视网自上市以来累计增发 6 次,累计实际募资净额为 59.32 亿元。2015 年 8 月还发行了 10 亿元的可转债,但是乐视网自上市以来累计分红金额只有 2.3 亿元,也就是还没有募资金额的零头多。

那么乐视网的真实业绩如何,我们从一个数据就可以看出。

翻看 2018 年乐视网的年报,我们可以从中看到一个数据,就是乐视网 2018 年年报中公布的研发投入情况,其中研发支出资本化的金额 2016 年、2017 年、2018 年分别是 11.78 亿元、7.06 亿元、1.31 亿元,且研发支出资本化的比例高达 63.35%、70.28%、68.28%(见表 12-1)。为什么看研发支出?因为根据我国会计准则的规定,是允许符合条件的研发支出进行资本化处理的。但是作为外人,我们是很难了解到该公司的研发活动是否真正达到了规定的确认资本化的条件。

表 12-1　乐视网研发支出（表格来源于乐视网 2018 年年报）

4. 研发投入

√适用 □不适用

近三年公司研发投入金额及占营业收入的比例

	2018年	2017年	2016年
研发人员数量（人）	445	1,361	3,504
研发人员数量占比	25.77%	33.59%	62.02%
研发投入金额（元）	193,025,177.94	1,004,826,507.42	1,859,563,100.69
研发投入占营业收入比例	12.21%	14.30%	8.47%
研发支出资本化的金额（元）	131,802,697.86	706,168,536.71	1,178,084,159.69
资本化研发支出占研发投入的比例	68.28%	70.28%	63.35%
资本化研发支出占当期净利润的比重	-2.30%	-5.09%	-530.93%

2016 年 11 月乐视网股价受挫，贾跃亭在内部信中承认压力倍增。2017 年 7 月贾跃亭去美国，之后乐视员工开始大规模离职。那我们就看一下乐视网 2016 年的利润情况吧（见表 12-2）。

表 12-2　乐视网 2016 年利润情况（来源于乐视网 2016 年年报）

币种：人民币

单位：元

四、利润总额（亏算总额以"-"号填列）	-328,708,520.87	74,169,222.09
减：所得税费用	-106,815,889.16	-142,947,603.47
五、净利润（净亏损以"-"号填列）	-221,892,631.71	217,116,825.56
归属于母公司所有者的净利润	554,759,227.43	583,027,173.33
少数股东损益	-776,651,859.14	-355,910,347.77
六、其他综合收益的税后净额	26,934,484.45	28,543,786.73
归属母公司所有者的其他综合收益的税后净额	26,934,484.45	28,543,786.73

由表 12-2 可知，2016 年乐视网的利润总额是亏损 3.29 亿元。如果乐视将其资本化的研发支出做费用化处理，那当期的利润情况就

不是只亏 3 个多亿了,而是 11.78 亿＋3.29 亿＝15.07 亿元了。我们从其财务报表中可以看到乐视网 2015 年的利润总额是 7417 万元,是略有盈利的,而 2015 年的开发支出是 4.24 亿元,如果加上其中本该费用化的研发支出后,利润情况就由盈转亏了。真实业绩如何,是不是从这个数据上就可以窥之一二了。另外在前面我们也说过,研发支出是有税收优惠的,是可以在企业所得税前加计扣除的,这也会通过影响所得税费用而最终影响净利润。

虚增利润的千山药机和康德新

相比乐视网,千山药机可谓更加胆大。自 2019 年 5 月 13 日起,因 2018 年度经审计净资产为负,且 2017 年、2018 年财务会计报告均被注册会计师出具无法表示意见的审计报告,千山药机被暂停上市。《上海证券报》2019 年 12 月的《这家公司造假究竟有多恶劣？两年虚增利润 4 亿多元》一文报道了该公司存在的虚假记载。报道称千山药机在 2015 年和 2016 年是通过应收账款和在建工程来虚增利润的。

无独有偶,康德新也是通过虚增营业收入来虚增利润的。同样来自《上海证券报》的消息:"康得新涉嫌在 2015 年至 2018 年期间,通过虚构销售业务等方式虚增营业收入,并通过虚构采购、生产、研发费用、产品运输费用等方式虚增营业成本、研发费用和销售费用。通过上述方式,康得新共虚增利润总额达 119 亿元。"这个虚增金额也让康德新成为 A 股史上第一财务造假案的主角。

如果说千山药机和康德新让你瞠目结舌,那么辅仁药业的造假案发则让你哭笑不得,以至于被人指责该公司连造假都不认真了。

不走心的辅仁药业

2019 年的年报季,辅仁药业公布了公司 2018 年的年报,并顺带公布了年度的分红方案:每 10 股派发现金 0.10 元。按辅仁药业总股本 62715.75 万股计算,合计派发的现金股利为 6271.5751 万元。这对于截至 2019 年 6 月末账上还有 18.16 亿元现金的辅仁来说是轻轻松松的事情。没想到的是,正是这个分红方案成了压垮这头骆驼的最后一根稻草。

辅仁药业公布的股权登记日是 7 月 19 日,这天是星期五,除权除息日和股利发放日均为下周一的 7 月 22 日,按照规定,分红款应于 7 月 19 日划拨至中国证券登记结算公司上海分公司的账上,以便上海分公司能在 7 月 22 日将分红款划到每个投资者的账户上。但是辅仁并没有按时划款,而是在当日晚间发布了公告,称由于资金安排方面的原因,无法按原定计划发放现金红利。这也就拉开了辅仁造假案的帷幕。

我们从辅仁药业公布的半年报中可以看出，该公司的货币资金已经从 2019 年 3 月末的 18.16 亿元缩水到了 6 月末的 1.34 亿元（见表 12-3），而这 1.34 亿元中，有 1.28 亿元还是受限的资金（见表 12-4）。也就是说，辅仁药业能用的货币资金只有 600 万元（1.34 亿－1.28 亿＝0.06 亿元）。而从辅仁药业回复交易所的问讯函中可以看出，截至 2019 年 7 月 19 日，辅仁药业的现金总额为 1.272 亿元，其中受限金额 1.235 亿元，未受限金额只有 0.037 亿元。也就是说，其只有不到 400 万元是可以自由使用的资金。

表 12-3　辅仁药业 2019 年 6 月 30 日货币资金

（来源于辅仁药业 2019 年半年报）

二、财务报表

合并资产负债表
2019年6月30日

编制单位：辅仁药业集团制药股份有限公司

单位：元　币种：人民币

项目	附注	2019年6月30日	2018年12月31日
流动资产：			
货币资金		134,454,949.08	1,656,364,889.20
结算备付金			
拆出资金			
交易性金融资产			

表 12-4　辅仁药业被冻结的货币资金

（来源于辅仁药业 2019 年半年报）

2．截至报告期末主要资产首先情况
√适用 □不适用

单位：元　币种：人民币

项目	期末账面价值	受限原因
货币资金	127,707,936.34	保证金及法院冻结
固定资产	550,173,591.47	抵押融资
无形资产	108,866,469.02	抵押融资

如果时光能够倒流,辅仁药业是绝对不会发布这个分红方案的。

2020 年的"3·15",凤凰网做了一个调查,票选出了资本市场的造假"前三强"。结果分别是千山药机、辅仁药业和康得新。其中千山药机以两年虚增 4 亿多元利润而获得了 16.97 万张选票从而勇夺了冠军。紧随其后的是辅仁药业,12.25 万票;季军是康得新,6.19 万票。

认识上市公司财务造假的常用手段

不管是千山药机的虚增手法,还是康德新的虚构手段,都让人印象深刻。由于会计准则给了财务人员一定的自主权限,财务人员可以在收入确认、存货处理、研发处理等方面有一定的处理空间,但很多时候并达不到造假的程度,这也使得上市公司的业绩没有那么"真诚"。上市公司财务报表的"坑"何其多,它们不仅会"虚增"利润,有时还会"虚减"利润,要想躲避这些"坑",就要先识别出这些"坑"。那造假通常都会从哪里下手呢? 我们可以从收入、资产和利润三方面来做一下归类。

收入造假"套路"

收入是我们最关心的一个数据,一家公司如果没有收入,也就没有了投资价值,所以虚增收入,也就成了财务报表造假的重灾区。虚增收入的手法一般有以下几种:

1.通过虚增应收账款来虚增收入

这个方法最为简单,伪造一些出库单,甚至有些企业连出库单都不需要,直接开几张发票就入账了,过个一年半载再来"洗个澡",计提些坏账损失,或者隔三差五办个退货,虚增的应收账款就这样悄悄地处理掉了。

2.通过虚增货币资金来虚增收入

这个简直是最简单粗暴的方法,没有之一。通常货币资金一经盘点也就出来了,通过虚增货币资金来虚增收入很容易被发现。高级一点的玩法是,企业会和关联企业联手,盘点前背书几张汇票进来,盘点完再背出去,但是这样集中地进和出,很容易在货币资金明细账上露出马脚,不过单看财务报表却不是那么容易被发现。

3.通过预付账款来虚增收入

这个方法一般人玩不了,这是需要借助外部的力量的,也就是说,企业必须和上游企业(或者是疑似上游企业)联手,伪装成提前购买原材料等情形,要有货真价实的走账记录,所以通常也会被用作利益输送的手段。然后在外转一圈后又通过销售收入回到公司,这样自己花钱买自己的产品,收入也就创造出来了。

资产造假"套路"

虚增资产的目的是抬高身价,所以通常的手法就是在自己的家当里做文章了。

1.通过虚增存货来虚增资产

存货的作用太广了,不仅可以虚增资产,还可以虚增利润,虚增利润的手法放在后面说,这里先说一说虚增资产。一些行业的存货有其特殊性,不容易盘点,不容易计价,这里也就成了造假的案发地。还记得前面说的雏鹰农牧吗? 对于这些农牧类企业,存货本身就存在着盘点困难的特征。一些企业通过虚增存货来增加资产,也就达到了抬高资产的目的。

2.通过虚增固定资产来虚增资产

企业通过花高价购买一些设备、厂房、建筑物等作为固定资产入账,来虚增资产。市场经济环境下一个愿打一个愿挨,你能指责人家公司买的设备太贵了吗? 这样固定资产高了,总资产自然就高了。

3.通过虚增无形资产来虚增资产

无形资产的购买价格更不好确定,因为无形资产虽然是可辨认的非货币性资产,但它是没有实物形态的,比如说购买一个商标使用权。另外,除了外购,无形资产也可以通过企业自主研发产生,将研发费用本不该资本化的进行资本化处理,不仅增加了无形资产,还增加了当期利润。

4.通过并购增加商誉来增加资产

有些企业并购是为了发展需要来扩张自己的版图的,而有些企业并购则是为了扭亏为盈、增加资产的。通过商誉来增加资产的,一旦被并购方破产,那虚高的商誉立马要通过减值被打回原形。

也许你会说,我们都知道资产的增加通常都伴随着货币的减少,这样资产一增一减,也达不到虚增资产的目的。可是你别忘了,资产的增加也可以伴随着负债的增加的,对于长期挂账的其他应付款,不仅可能隐藏着收入,也可能隐藏着虚增的资产。

利润造假"套路"

利润是我们判断一家上市公司盈利能力最重要的数据,如果上市公司连续两年利润为负,是要被戴上"ST"的帽子的,所以上市公司都拼命地保持利润的正增长,于是这也就成了一些公司财务造假的动机。

1.通过存货来虚增利润

存货是资产项目,除了前面说的虚增资产外,它还有调控利润的作用。我们知道一家公司的产量和销量在保持不变的情况下,只是单纯地开动机器增加产量,就能使利润上升,营造出很漂亮的财务报表,这个原理我在《一本书读懂财务管理》中详细介绍过。同样,人为地不结转或少结转存货,把成本留在资产里,同样会达到增加利润的目的。

2.通过销管费用来调节利润

销售费用、管理费用和财务费用被称为企业的期间费用,除了财务费用外,公司的生产经营发生的费用最多的就是销售费用和管理费用了,因为需要营销手段来推进销量,进而增加收入。但是在产品市场已达饱和状态后,营业收入会出现停滞,甚至是倒退。有些公司还会出现营业收入下降,而销售费用率或管理费用率下降得更快的现象。也就是说，这家公司的销售费用或管理费用可能存在不真实或不合理的核算情况，很可能存在虚减销售费用或虚减管理费用来调节利润的情况。

3.通过研发费用来虚增利润

通过研发费用来调节利润是企业很常见的手法。产品不升级，就会被市场所淘汰，所以通常企业都会很舍得投入研发费。但是研发费用太高，当期的利润就会下降，将研发费用过度进行资本化处理就减少了当期的费用，相应也就提高了当期的利润。前面的乐视网不正是利用研发费用来调节利润的吗？

4.通过在建工程来虚增利润

前面说了在建工程可以虚增资产，它同样也可以虚增利润。如果企业推迟在建工程转为固定资产的时间，就可以推迟计提折旧的时间，那也就达到了增加当期利润的效果。而且通过配合现金流的流入流出完成非流动性的投资支出来虚增利润，比起通过虚增流动性资产来虚增利润更不易让人察觉。

对于以上无中生有虚增利润的手法，用有些手法进行相反的操作让其凭空消失就可以达到虚减利润的目的，比如给存货或应收账款洗次大澡，利润瞬间就没了。是不是很神奇？一样的坑能让你掉进去两次。

　　财务报表里真真假假,到处都是坑,如果不具备辨别能力,你躲不过这些坑,那就会犯同样的错误了。

　　每个虚假的手法,都自认为创造了漂亮的财报。下一章我们就来一一破解这些手法,看透企业的真相。

第13章
8 个角度快速透析财务报表

　　前面列举了几种财务造假的手法，这些手法就像迷雾围绕在我们四周，让我们看不清方向。那这一节，我们就来看看要如何穿透这些迷雾，看到真实的财务状况，又要如何躲避财务陷阱。

　　事实上，我们大多数人并不精通财务会计，那要看透一家企业的财务报表，或者说看透管理层有没有操纵财务报表数据，是不是除了去学习财务知识，就别无他法了？

　　系统地去学习财务会计知识无疑是最精准的方法，但这是要花费大量时间与精力的，而快速且准确地解读一家公司的财报，则能够帮助我们去看清一家企业是在一本正经地弄虚作假还是在规规矩矩地实话实说。财务最讲究平衡，现在就请跟着我一起走入财务报表的世界，看看平衡是如何帮助我们识别出陷阱的。

学会借力,从认识审计意见开始

我们看财务报表,要学会借力,这个力怎么借?我们知道,经审计的财务报告都会有注册会计师的审计意见,这就相当于注册会计师们已经帮我们把了一道关了,这个力,就从注册会计师对审计报告的审计意见处借。前面我们在第 10 章第 1 节"读懂审计意见"里已经详细介绍了审计意见的类型,这里就不再赘述了。我们可以通过注册会计师出具的审计报告来初步判断这家公司的大致情况,做到心中有数。

看公司、看行业、看特性

读报表前,要先知道这是一家什么公司,它是做什么的,所处的行业如何,产品的特性如何,这是我们做出判断的基准。

比如一家汽车生产厂商,它就是一家重资产的企业,要有生产线去生产产品,它的固定资产就会有很多;要有研发设计团队去研发新产品,它的研发支出就会很高,无形资产也会很高,相应的总资产也就高。而如果你在报表中查看相应数据时,发现它没有什么研发支出,那就可以判断这家公司的创新能力及产品迭代能力可能会跟不上市场的变化,就要对它未来的发展能力先在小本本上画个记号了。

又比如白酒行业,它的存货一定很高,且它的存货周转率一定是很低的。因为白酒的贮藏时间越长,品质就越好,一般的贮藏至少也是一年以上,而中高端酒类的贮藏时间会更长。另外,白酒生产的季节性也很强。这些特性就导致了白酒行业的存货也会有季节和周期的波动。因此,如果你看到一家白酒企业的存货很小,或存货周转很快,就要在小本本上对产品质量记上一笔了。

看收入

收入是了解一家公司盈利状况的第一数据来源,也是我们最担心的地方,因为我们不知道这家公司的收入是否存在虚增的情况。也就是说,我们不知道这家企业的收入是不是真实的,它的质量又如何。

首先,看营业收入是不是稳定增长。

　　如果一家企业的营业收入持续稳定地增长,那基本可以判断这家企业的经营是稳定的。如果企业的收入主要来自"投资收益"和"营业外收入"或"其他收益",那它的经营情况就要好好分析一下了。试想一下,如果一家企业主要靠卖楼、卖地、卖公司的方式维持收入,那它的可持续经营情况就要存疑了。

　　其次,看应收账款是不是同步增长。

　　一般企业的营业收入增长的话,它的应收账款是会同步增长的。但要注意的是,要看应收账款的增长速度是不是显著高于营业收入的增长速度,如果显著高于营业收入的增长速度,就要考虑这家公司应收账款的周转速度及有没有计提信用减值损失了。因为应收账款是财务造假的重灾区,和几个关联公司一商量,就可以创造出欣欣向荣的经营假象。

　　最后,看存货的增长有没有相悖。

　　应收账款的增长通常情况下会带动存货的增长。因为产品销量增多,就需要生产出更多的产品去卖,相应地就要增加采购原材料等方面的支出,存货就会增加。同应收账款一样,存货也是财务造假或粉饰报表的常见区域,特别是在农业、牧业等生物行业,本身存在存货难以盘点的特性,虚增存货也就是分分钟的事。发生疫病死掉一批,虚增的存货也就随着掩埋的尸体一起洗掉了。像雏鹰农牧的小猪,你不仅要去猪舍盘点,还要分清哪头是母猪哪头是公猪,因为母猪是用来育种的,是不能卖的,是生物性资产,能卖的只有公猪。像水下游的鱼虾,你总不能将其打捞出来一只只点数吧,这样清点完之后公司恐怕就得全部做减值处理了。像山林里埋在地下生长的竹笋，外人是很难清楚真实情况的，造起假来也就有着先天的便利性了。

总的来说，掩盖收入虚构通常会有两种情况：一种是虚构收入后无货款回笼，虚增的应收账款等资产通过日后不当计提减值准备或核销等方式加以消化；另一种就是使用货币资金来配合货款回笼——这种做法也就是通常所说的虚假回款。

企业通过"假采购"等方式将资金支付出去，再通过虚构收入的方式将资金收回来，形成资金的闭环。比如虚假预付款项，像商品采购或者是预付工程设备款；虚假对外投资，像将资金投入被投资单位，再从被投资单位套取资金用于虚构收入的回笼，形成的虚增投资账面价值通过日后计提减值准备悄悄地消化掉；虚假长期资产采购，像通过虚增固定资产、无形资产、开发支出、在建工程等的购买金额来套取资金，用于虚增收入的货款回笼；通过伪造虚假单据来进行虚假货款回笼——不过这种方式通常会形成虚假货币资金，可以通过检验利息收入来验证。

除此之外，将已销售的商品在期后大量退回，也会达到报表上的收入增长假象。反季节的营业收入增长也应该让我们的精神随之一紧，虽然有反季大促销的"掩盖"，但也要适当地分析一下其合理性。

看资产

资产状况是一家公司的基础，所谓有多大体量才能撬动多大的杠杆，一家公司的资产如何，直接影响到它能不能获得大的订单，能不能在资本市场上融到更多的资金，能不能获得更多的银行贷款。

通常我们看资产的情况会从在建工程、固定资产、无形资产、商誉这几个方面入手。

首先，我们要看在建工程有没有连续激增，有没有人为推迟转固的时间。

在建工程的增加预示着这家公司在扩大产能，公司处在迅速发展期。通过产能的扩大来达到一定规模，可以达到降低成本的效果。但是在建工程突然连续增多就要引起注意了，怎么这家公司只开工不竣工呢？公司的战略是不是有所改变呢？有没有人为推迟在建工程转固定资产的时间，从而达到推迟计提折旧的目的，进而操纵当期利润？全面开花的设施建设也是需要资金持续投入的，那么它的资金流能不能跟上？是不是只挖了坑、奠了基就晾着了的在建工程？

其次，看固定资产有没有连续激增。

固定资产的来源大体有两个：一个是新建，一个是购买。不管是新建还是购买，突然的激增都要引起我们的注意，要进一步判断这家公司是不是借助虚增固定资产来达到虚增资产的目的。后续将虚增的固定资产处置掉，又可以达到操纵利润的目的。然后再购置新的固定资产，资产仍然维持在高位。

查看固定资产项目的时候，另外需要注意的一点就是这家公司的领导有没有更换，有些时候，在领导更换的情况下也会出现固定资产的减少，一是洗出了以前的资产，二是为未来铺路。他们通常也有着小聪明的投机意识，因此，这期间的财务报表质量就要在小本本上做个记号了。

再次，看无形资产有没有连续激增。

无形资产的来源和固定资产一样，要么是购买的，要么是研发转入的。如果发现一家公司的无形资产突然无征兆地激增，也要保持警觉。是不是通过虚增无形资产来虚增资产，是不是将本该费用化的研发支出做资本化处理了。因为将研发支出做资本化处理是可以调节当期利润的，而通过无形资产摊销又可以影响后期的利润。

最后，看商誉有没有被高估。

商誉的存在本身就极具争议，它是超额利润的一种体现，因为它没有实物，总叫人琢磨不透，让人心里没底。在资产并购中，有可能看到一家没什么价值的企业却被以极高的价格收购，这样就形成了大额的商誉入账。看到这样的商誉,我们就要在小本本上记着,万一哪一天它爆雷了,可就是大把的利润随着减值烟消云散了。

看利润

一家公司的利润情况如何,是我们判断这家公司盈利能力的主要指标。前面在说收入的时候已经提到了,如果一家公司的收入主要是由主营业务以外的获利贡献的,那它的利润也一定主要是靠其他业务提供的,那就表明这家公司的实际经营情况并不是很乐观,企业可能处于极不稳定的状态。如果要通过政府补贴、债务重组、资产置换、出售资产、购并其他企业等方式才能保持盈利或扭亏为盈的,那就说明该企业的资产质量不是很高,赚钱能力不强,甚至可以断定这家企业正处于财务困境中。比如前面我们讲到的汇源果汁。

对利润进行分析,我们同样要与历史比、与行业比,哪些是季节性波动,哪些波动是因为受到了经济环境影响,这些都是要考虑的。比如贸易战对出口企业的影响,突发的疫情对全民经济的影响等。要剔除这些因素再去看有无异常。

第一,看一家公司利润情况如何,要先看毛利率。

一家公司的毛利率通常是很稳定的,除非是行业出现大的波动,或者其行业本身就是不稳定的状态,可能会影响毛利率的平稳。除此之外,如果一家公司的毛利率出现激增或骤减,或者其毛利率变化趋势图呈现出忽高忽低坐山车般的走向,我们就要警惕了,要么是这家公司在夹缝中求生存,要么就是可能存在财务造假。

毛利率通常会和存货周转率、应收账款周转率及销售费用率相互影响。所以我们也可以借助毛利率的变动趋势,对比存货周转率和应收账款周转率,以及销售费用率的变化趋势。通常情况下,如果毛利率呈现逐步上升的状态,那么就预示着公司对应收账款和存货加强了管理,表现出的现象就是应收账款周转率和存货周转率会同步上升。如果遇到毛利率上升而应收账款周转率和存货周转率却下降的情况,就要引起警惕了。为什么会反常态地出现这种现象?因为经营良好、财务管理有效的企业会对应收账款以及存货的管理保持一贯性,甚至会加强管理,这会表现出加快应收账款的周转速度以更有效地收回欠款,以加快存货的周转来最终带动变现速度。但是反常地下降,就很可能说明企业并没有对应收账款进行催收,也没有使存货有效地转变为商品进行销售,那么,这种情况下增加的毛利率就很可疑了。

第二,看存货周转率。

前面在收入的介绍中已经提到了存货造假的手法,这里的存货周转率就可以起到验证的作用。通常情况下,当企业实现产品的销售,确认收入的同时,就要同步结转成本。如果企业人为不结转成本或者少结转成本,将成本留在存货里,就会使得存货周转率下降,毛利率提升,这样就达到了虚增利润的效果。

同样地,如果企业只是单纯增加产量,那么在销量和售价都保持不变的情况下,也是会创造利润出来的。这也就意味着存货周转率下降,毛利率上升,从而造成供大于求的现象,未来存货面临着减值的风险也就提高了,但是当期的利润却被制造了出来。所以存货周转率的变化可以很好地为我们验证收入变化的真假。

第三,看销售费用率。

销售费用直接影响着公司的收入创造能力,公司的产品需要销售活动来进行推广,通过渠道推进,进行营销推广,不管是讲故事还是说情怀,都需要用钱来铺设。营销好了,自然会带动收入的提高,但同时销售费用的增加也会降低利润。

如果一家公司的毛利率较高,并且远高于同行业平均水平时,说明该公司的产品已经具有一定的市场占有率了,相比于同行业的其他产品它是具有竞争力的。那么这个时候,企业就不太需要再通过投入大量的销售费用来带动收入了,通过消费者的口口相传就能带来可观的收入,并保持稳定的销售量。

此时,正是企业产品进入成熟期的表现,它的销售费用率一定是很稳定的,不会很高,更不会出现激增的情况。但是如果在这种情况下的企业销售费用率仍处于高位增长,或者是出现激增的情况,就要反思了。公司的产品是不是出现问题了？市占率是不是靠销售砸钱虚构出来的？是不是通过调节费用来调节利润？那么结合公司的未来发展战略，看能不能帮你消除这些疑虑。

第四，看研发费用。

如果用美国会计准则来看，研发费用是不能资本化的。而中国会计准则和国际会计准则却允许对研发费用在一定条件下予以资本化，这也就是为什么巴菲特会说财务报告可以在合规的规则下谎话连篇。虽然我国的会计准则和国际会计准则都对研发费用的资本化设置了条件，但是否完全达到所设条件，外人是很难知道的。所以从严格意义上来说，研发费用的资本化就给人提供了操纵利润的机会。当研发费用资本化时，会减少当期的费用支出，增加当期的利润总额。同样，被资本化了的研发支出也需要通过以后期间的摊销来消化，也就影响了以后期间的利润情况。国内有很多大型企业都会选择将研发支出全部费用化，比如华为、格力，都是将其研究与开发支出在发生时就全部确认为费用。

第五，看销售利润率。

前面我们说过，在杜邦分析法下，净资产收益率是由销售利润率、总资产周转率和权益乘数构成的，即净资产收益率＝销售净利润率×总资产周转率×权益乘数，而销售净利润＝净利润÷营业收入，总资产周转率＝营业收入÷资产总额，权益乘数＝1÷（1－资产负债率），所以净资产收益率可以进一步分解为：净资产收益率＝（净利润÷营业收入）×（营业收入÷资产总额）×［1÷

（1－资产负债率）〕。

　　通常企业在上市以后，净资产收益率会下降，这是由于融资后总资产扩大，导致总资产周转率下降，而营业收入的增长幅度又会低于总资产的增长幅度。同样，融资后扩大的总资产也同样会降低资产负债率，这样也会导致权益乘数下降，而因为上市后通过股权融资节省了不少的财务费用，所以会相应增加净利润，这样销售利润率应该会保持相对稳定或小幅上升。当总资产周转率和资产负债率双双下降，也会导致净资产收益率下降，下降的幅度就取决于净利润率的增减幅度了。

　　这也就是企业上市后净资产收益率下降的主要原因。那么，我们就可以通过对比企业上市前后的销售利润率来简单地判断企业上市前是否存在业绩注水的情况了。如果一家公司在上市后销售利润率出现了大幅下降的情况，特别是降幅在 4 个百分点以上的，那么企业上市前的财务报表很可能存在业绩注水的情形。

　　最后，看净现比与收现比。

　　净现比是经营活动产生的现金流量净额与净利润的比例，是检验一家公司净利润质量的指标，它能帮助我们挤掉净利润中的水分。公式在前面也有所介绍，可以表示为：净现比＝经营活动产生的现金流量净额÷净利润。

　　如果一家公司的净利润很高，会让我们本能地认为这家公司的经营情况不错，但这并不能说明这家公司净利润的质量就很高。我们可以通过净现比来看看这家公司的净利润是否"虚胖"。如果企业的净现比大于1,表明企业的经营净额大于净利润,同时也预示着净利润是由真金白银的现金构成的,并不是数字游戏。

如果一家公司的净现比长期低于1,就要引起警觉了,这意味着这家公司每实现1元净利润,尚不能带来1元的现金流入。也就预示着这家公司的净利润中可能存在着水分。谨慎起见,我们需要拉长时间周期来看,如果时间周期拉长到10年,其平均净现比仍然一直处于低位,这种净利润与现金流量长期相背离的状况就告诉我们,这家公司的财务报表造假的可能性很高了。但是,并不是所有的行业都适用这一指标,比如重资产行业和房地产行业就不适合。这是因为重资产企业中的固定资产的折旧摊销太大,很容易使净现比大于1,因为折旧并不需要支付现金。一般固定资产占总资产的比例超过了50%,就不适用于净现比大于1的数值比例了。

说到净现比就不得不说一下收现比了,它是检验一家公司营业收入质量的指标,收现比=销售商品、提供劳务收到的现金÷营业收入,表示每实现1元收入所收到的现金。理想状态下,卖出1元钱的产品,收到1元钱的现金,这个指标就是1。收现比越高,表示公司销售产品会收到的现金就越多,也反映出产品的竞争力较强。

首先我们要明白,现金流量表中"销售商品、提供劳务收到的现金"核算的是本期销售商品和提供劳务本期收到的现金、前期销售商品和提供劳务本期收到的现金、本期预收的商品款和劳务款等,对于本期发生销货退回而支付的现金,应从销售商品或提供劳务收入款项中扣除。而对于增值税销项税额是包含在内的,对于经营租赁的收入是不包括在内的。另外还包括以非现金资产换入应收账款,不包括客户以非现金资产抵偿债务。

　　上述内容用公式来表述就是:销售商品、提供劳务收到的现金＝销售商品、提供劳务产生的"收入和增值税销项税额"＋应收账款本期减少额(期初余额－期末余额)＋应收票据本期减少额(期初余额－期末余额)＋预收款项本期增加额(期末余额－期初余额)±特殊调整业务。

　　特殊调整事项的处理原则是:应收账款、应收票据和预收账款等账户(不含三个账户内部转账业务)借方对应的账户不是销售商品提供劳务产生的"收入和增值税销项税额类"账户,则作为加项处理,如以非现金资产换入应收账款等;应收账款、应收票据和预收账款等账户(不含三个账户内部转账业务)贷方对应的账户不是"现金类"账户的业务,则作为减项处理,如客户用非现金资产抵偿债务等。

　　所以,明白了现金流量表中"销售商品、提供劳务收到的现金"的数据来源,也就能明白引起收现比指标变动的因素了。比如对于公式中的"加上应收账款本期减少额"来说,本期的应收账款减少得越多,就越可能导致"销售商品、提供劳务收到的现金"增多,相应地收现比也就越大。但实际上,如果企业将公司的"应收账款"转为"长期应收款",实际上也起到了这个作用,这一做法就含有优化指标的作用,给投资人造成误导。所以这时就要结合"长期应付款"的变化来做出判断了,这也就意味着不要一味单纯地使用收现比来检验营业收入的质量,这会造成判断结果有失偏颇。

看现金流

不管一家公司的收入或利润有多高,始终都是现金为王。

收入和利润可以造假,但现金流造起假来就需要多方配合了,其难度也是很高的了。但这并不能排除那种通过硬性虚增现金的个别企业的存在。碰上这种企业,我们也有一些鉴别方法。

第一,看企业经营活动现金净流入是否为正。

一家企业的现金通常是由其经营活动创造的。经营活动现金净流入顾名思义就是销售商品或提供服务带来的收入扣掉购买原材料等成本后的净收入。如果经营活动产生的现金净流入为正,那就表明这家公司的经营是正向的。

另外,通过用销售商品取得的收入与营业收入相比,可以看出这家企业的销售回款能力及销售带来的现金流入是否正常。如果一家公司的营业收入和应收账款都很高,却没有什么实质性的现金流入,那就表明这家公司的应收账款有可能含有水分,那对应着利润也就要相应地瘦身了,连带着这家公司的财务报表质量就要在小本本上画上一道了。

第二，看自由现金流。

除了看经营活动带来的现金流入，还要看它的资本支出情况。如果一家公司的经营活动带来的现金流入高于购买固定资产、无形资产等这些资本支出的话，那就表明这家公司有着充足的自由现金流为其所用。特别是如果自由现金流占营业收入的比例在 5% 或者以上的，差不多就可以比作印钞机了，说明这家公司经营能力相当了得。

相反，如果一家公司的经营活动带来的现金流入覆盖不住它的资本支出，那就要看看这家公司长期以来的资本支出是依靠什么支撑的，是不是靠着大量的募资行为来维持经营。这种情况下就需要参考该公司的战略方向及公司所处行业的情况了。对于处于成长期的企业，又比如一些快速扩张的企业，前期资本投入会比较大，体现出的自由现金流就会为负数，因为这个时候经营现金流的增长赶不上资本支出的增长。也就是说，这时的企业在固定资产、无形资产和其他长期资产的花费上会比较多，而经营活动产生的现金流此时还无法覆盖住这些资本支出。有些行业还会表现出投资期较长的特点。但是排除这些因素外如果企业仍然表现出长期为负的现象，就要认真琢磨了，因为经营现金流为负的企业最终将不得不通过发行债券、增发股票及贷款等方式寻求外部融资了。这样不仅增加了企业的经营风险，还稀释了股东权益。如果对应着还大幅增加了应收账款，特别是应收账款的增长速度还超过了营业收入的增长速度，那就要警惕公司资金链的安全了。

第三,看现金是不是净增加。

我们知道一家企业的现金活动一般区分为经营活动、投资活动和筹资活动,如果现金流量表中最后的"现金及现金等价物净增加额"为负,且长期为负,那就要引起警觉了。如果转负为正,还要注意它是不是因为通过融资或者借款等方式带来了现金流。对于通过增发股票或发行债券导致的现金及现金等价物净增加额由负转正的,就要对这家公司的持续经营能力持怀疑态度了,同时结合企业的战略情况做出判断。

认清偿债能力

我们对于企业的偿债能力要格外小心谨慎。很多人都听说过资产负债率,也都会用资产负债率来检验一家公司的偿债能力。但是需要说明的是,运用资产负债率对偿债能力进行分析时,要注意那些被施了"障眼法"的坑。

首先,看清资产负债率。

看资产负债率,要将其拆开为有息资产负债率和无息资产负债率来看。有息负债指的就是公司通过借款、贷款、发行债券等手段获得资金而形成的负债;而无息负债就是占用的上下游资金、职工的工资、应缴的税金等不需要支付利息的负债。所以,资产负债率里的无息负债越多,越不需要担心其偿还债务的压力。相反,对于有息负债高于无息负债的高资产负债率,才是需要引起我们警觉的。并且资产负债率的高低,也关系着一家公司是否能顺利贷到款项,特别是在大型突发事件中,一些资产负债率低的企业就能很轻松地筹到资金以渡过难关。而一些表现激进使得资产负债率一贯很高的企业,长期过度使用财务杠杆,则很可能会导致自己不能安然地渡过危机。

其次,认识流动比率。

通常我们看偿债能力还会使用流动比率,这也是我们经常掉入的一个"坑"。我们要明白,赚钱的公司,它的流动资产周转的速度都是相当快的,那么相应地,流动资产占用的资金量就会比较小,这就会导致流动比率的值降低。相反,我们一味拿标准指标值来衡量它的偿债能力,就会掉到这个"坑"里,错过一家真正赚钱的公司。

另外,流动比率的主要组成部分是应收账款和存货,前面我们对应收账款和存货都做了介绍,它们的变现程度和有无"水分"直接影响着这个指标的比值。包括我们在第 11 章中举的老王赶在出报表前还钱的例子,都让我们认识到,对于流动比率,不要一味地用标准指标数来衡量,用标准指标来衡量有时会适得其反。

粉饰报表的动机是什么？

我们知道，任何事物的发生都是有其原因的，财务报表的造假行为也是如此。一家选择财务造假的上市公司肯定是有其动机的，那么它的动机是什么，也是我们解读财务报表的重要信息之一。

第一，保壳。

对于挂上"ST"的上市公司来说，保住上市公司的地位是头等重要的事，一旦被退市，随之失去的不仅仅是地位，还有经营机会的优势，更别说发债募资的资源了。所以对于"ST"公司，它们选择粉饰报表的动机更大些。

第二，借壳。

如果说保壳造假是出现亏损的企业铤而走险的行为的话，那么借壳上市完成业绩承诺的造假就是孤注一掷了。这些企业为了实现业绩协议里的承诺，会不惜一切代价。从一定程度上来说，借壳上市发生的财务造假概率要高于保壳的造假概率。

第三,融资。

正如前面在现金流里讲到的一样,一些公司选择财务造假是被迅速扩张的资本支出推动的,要打造一个帝国,需要大把资金做后盾。而经营获得现金的速度是有限的,那么增发、配股、发债,这些渠道就比靠经营活动获取现金来得方便多了。

另外,好看的财务报表也会帮助企业顺利获得银行等金融机构的贷款。想想雏鹰农牧的借贷之路,真的是华丽丽的篇章。

第四,减持。

一些公司粉饰财务报表的动机可能是营造出繁荣的假象来拉升股价,以帮助公司股东顺利减持或者帮助其"关联方"出货,这就需要关注公司有没有发布减持计划,以及参考股价走向了。

但不管是哪种动机,"操纵利润—抬高股价—圈钱—继续操纵利润"就像一个循环,只要踏入就会掉进这个怪圈一步步深陷,就像撒一个谎就要用另一个谎去圆一样,这个漏洞会越来越大。

我们都知道财务报表的编制是有其规则的,有规则的事物都好掌握。而上面的几个步骤就能帮助大家一步步了解这些规则,让你快速地捕捉到关键信息,解开财务报表的秘密。

第14章
案例——从存贷双高看康美药业

———

前面说了那么多,不如来看一个真实的案例。我们用真实的案例,结合前面讲述的分析财务报表的方法来彻彻底底地分析一家公司的财务报表。

就来看一下康美药业的财务报表吧。

什么是存贷双高?

从2001年上市以来,康美药业的毛利率一直在20%～30%,医药行业的平均毛利率为55.12%,所以康美药业的毛利率不算高,236 家医药企业中康美药业的毛利率排名在第 178 位。那为什么大家都对康美药业这么津津乐道呢?原因就在于这家企业账上太有钱了。

你可能会疑惑:什么! 企业太有钱也会被质疑?

没错,一边是银行账上存着的高额货币存款,一边是向银行等金融机构借着高额的债务。论谁都想不明白呀,毕竟借款利率是远高于存款利息的。

这就是我们通常所说的"存贷双高"。何谓存贷双高? 就是企业的银行存款和借款双双高企的一种现象。如果单单是资产负债率高,大家肯定都会警觉,但同时又有着高额的货币资金,大家就会想:哦,没关系,账上有那么多存款呢,这点负债还起来很轻松的。殊不知,就是这种思想麻痹了大家。

但是,仅依据存贷双高是无法认定一家公司的财务造假的,还需要从其他角度来辅证,因为"存贷双高"也有其存在的合理性。这里,我们就先来解释一下"存贷双高"吧。

哲学上有句名言叫"存在即合理",所以有些时候可能是会发生"存贷双高"的情况的。

比如子公司众多的集团型企业,在其合并报表后就会出现这种情况。这是因为有些子公司的现金流充足,产生现金流的能力较强,拥有被称为"现金牛"的产品,那么它的账面就会出现较为充裕的现金。而有的子公司处于快速扩张阶段，更多依赖外部融资满足日常经营需求，就会导致负债率高。集团并表后就会反映出货币资金和负债双高的现象，这也反映出这种集团公司资金配置的效率比较低。

和子公司众多的集团型公司比较类似的就是传统行业的国企，也会出现"存贷双高"的现象。另外一种类型就是由其商业模式决定的，比如供应链企业，对资金需求非常大，利润表的典型特征是毛利率特别低，财务费用比较大。还有房地产企业，受房管和银行的双重资金监管，也就降低了其资金使用效益。

"存贷双高"是财务管理上值得重视的一个现象，因为它可以反映出企业的管理水平如何，财务策略是激进还是稳健，商业模式是什么等情况。这也可以作为我们发现企业管理问题并完善公司治理的契机。比如企业财务管理水平差，资金统筹不够合理，财务策略稳健保守等。

对于"存贷双高"，我们要理性分析、慎重对待。比如这么高的存款却不还贷款，是不是存在大额资金受限的现象？会不会是资金实际已经被关联方占用了？又或者这些资金只是为了充资产负债表的时点数而突击转入的？这些猜测都需要进一步的分析判断才行。比如通过计算平均货币资金收益率与活期存款利率来判断是不是在资产负债表截止日前突击转入的。

"存贷双高"也只是一个突破口，想要认定是不是财务造假，还需要通过其他数据的辅助才行。根据前面提到的方法，我们一项项地分析。由于 2019 年的年报康美药业还没有公布,我们以 2018 年的年报及 2019 年第三季度的数据为准。

康美财报的分步分析

　　截至 2018 年年末,康美药业的营业收入是 193.56 亿元,同比增长 10.11%;净利润为 11.23 亿元,同比减少 47.63%;扣非净利润①为 10.21 亿元,同比减少 74.65%。从收入和利润情况来看,康美药业的经营情况是增收不增利的。而扣非净利润的减少速度已经达到了近 75%,说明康美药业的经营业绩并不理想(扣非后净利润是指扣除非经常性损益后的净利润,是单纯反映企业经营业绩的指标。把资本溢价等因素剔除,只看经营利润的高低,这样才能正确判断经营业绩的好坏)。营业收入的增加对应着应收账款和存货的增加,我们来看一下康美药业 2018 年的应收账款和存货的状况。

　　第一,应收增速快于营收,赊销加速。

　　截至 2018 年年末,康美药业的应收账款为 63.18 亿元,同比增长

---

　　① 扣非净利润是指扣除非经常性损益后的净利润,非经常性损益包括与企业经营无关的一切开支和收入。扣非净利润更能反映一家企业真实的经营状况。

26.57%,增长速度高于营业收入的增长速度。2016年和2017年的应收账款分别为30.95亿元和49.92亿元,同比分别增长21.37%和61.29%。而营业收入分别为216.40亿元和175.80亿元,同比分别增长19.76%和-18.76%。应收账款的增长速度都比营业收入的增长速度要高。同时,2018年应收账款占营业收入的比率为32.64%,比2017年的占比28.39%增加了4.25个百分点,而2016年占比为14.3%,应收账款占比连续攀升,说明康美药业在通过增加赊销力度来提高营业收入,但也可能表明康美药业在通过虚购应收账款来虚增收入。结合应收账款周转率来看,2016年的应收账款周转天数为47天,2018年已经延长到了99天,这一方面表明营运管理能力在变差,另一方面也需要对应收账款提高警惕,因为一般情况下,公司在加大赊销的同时,也会增加对应收账款信用账期的管理,以应对应收账款发生拖欠的情况,这时应收账款的周转速度一般会持平,但不会下降太多。

第二,营运管理效果差。

2018年年底的存货为342.10亿元,同比下降2.95%,2016年和2017年的存货分别为126.20亿元和352.50亿元,同比分别增加了28.84%和179.32%。应收账款的增加一般会带来存货的增加,因为要购买原材料等来应对增长的产品销量,还要加大存货的周转速度使其快速转化,存货周转速度越快,存货占用资金的压力越低,流动性越强,存货转换为现金或应收账款的速度越快。而看康美药业的存货周转天数从2016年的266天延长到了2018年的663天,很显然,其存货的周转速度在变慢,无法快速消化高速增长的存货。计算康美药业的现金循环周期,2016—2018年分别为276天、290天、694

天,这个数据显示,康美药业的现金循环周期太过漫长了。这也就是说,从购买原材料生产到销售产品后收到现金,康美药业需要将近两年的时间才可以完成,这个时长是同行业的 7～8 倍,这个循环周期实在是有些超乎想象。

第三,周转率与毛利率相背离。

对比存货周转率的变化与毛利率的变化,我们可以发现它们是在反向变动的,也就是说这个变化是相背离的。存货周转率从 2016 年的 1.35 次下降到了 2018 年的 0.54 次,而毛利率从 2016 年的 29.90% 增长到了 2018 年的 30.04%,毛利率变化不是很明显,我们可以拉长周期来看。2012—2018 年,毛利率分别是 25.16%、26.10%、26.21%、28.34%、29.90%、30.32%、30.04%。存货周转率分别是 3.06 次、2.69 次、2.11 次、1.51 次、1.35 次、1.30 次、0.54 次。可以看出,存货周转率在逐年下降,而毛利率却在逐年上升,这显然违背了常理。存货周转率下降,表明公司的产品竞争力可能下降,毛利率理应会随之下降。同时也表明公司存货项目的资金占用增长过快,超过其产品销售的增长速度,这时毛利率应该趋同下降才对,而反常地上升,有可能意味着它是不真实的。

第四,偿债压力大,财务风险高。

截至 2018 年年末,康美药业的资产负债率是 62.08%。我们在前面已经反复强调了资产负债率分为有息资产负债率和无息资产负债率。康美药业的有息负债为:短期借款 115.77 亿元＋应付利息 7.86 亿元＋长期借款 6.9 亿元＋应付债券 167.73 亿元＝298.26 亿元,有息资产负债率为 40％。那么无息资产负债率就为 22.08％,有息资产负债率是无息资产负债率将近两倍的状况,表明康美药业的偿债有一定的压力。那究竟能不能偿还呢?我们可以看一下公司的货币资金情况。2018 年年末的货币资金是 18.39 亿元,而短期借款是 115.77 亿元,货币资金尚不足以覆盖短期借款,表明康美药业可能面临着相当大的偿债压力。

第五,存款与贷款双双高企。

那么,康美药业的偿债压力是近期状况还是持续状况?让我们把时间轴拉长。康美药业是 2001 年上市的,2001 年的资产负债率是 29.46％,2018 年是 62.08％,表明康美药业的资产负债率是在逐年攀升的。那该公司的偿债能力能否跟上了呢?从其财务报表中可以看出,货币资金由 2001 年的 1.59 亿元增加到了 2016 年的 273.25 亿元,然后开始下降。同时我们也发现,康美药业同期的货币资金储备充足,那该公司为什么还要长期大额借债呢?

从图 14-1 上可以看出,从 2006 年开始,康美药业的货币资金占净资产的比重一直维持在 60％以上的高位,到 2016 年已经达到了 93.02％。而持同样状况的,还有有息负债占净资产的比重。也就是说,康美药业一边手握大量现金,一边却要大举借债,这不符合常理。这就是我们开头所说的“存贷双高”现象。而从康美药业的商业模式和并表子公司的情况判断,康美药业的“存贷双高”并不属于我们介绍的特殊情况。可任谁都知道借款利率是高于存款利率的,为什么康美药业还要支付着高昂的利息支出去借款呢?结合上面的应收账款和存货的反常来看,我们把时间轴锁定在 2006 年以后。

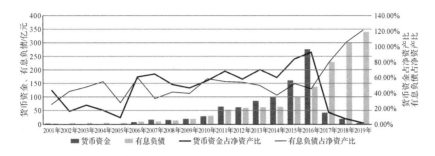

图 14-1　康美药业存贷情况(数据来源于该公司历年年报)

　　从图 14-2 中可以看出,康美药业的应收账款和营业收入在 2006 年开始大幅度增加,且应收账款的增长速度始终高于营业收入的增长速度,并且在 2017 年开始出现相背离的现象。同样地,存货也在 2006 年开始了增长的趋势,并在 2017 年呈现了爆发式激增(见图 14-3)。那么应收账款的增加带来了怎样的现金流呢? 我们接下来看看康美药业的现金流情况。

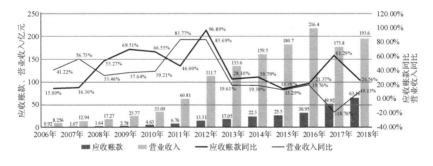

图 14-2　康美药业的应收账款与营业收入(数据来源于该公司历年年报)

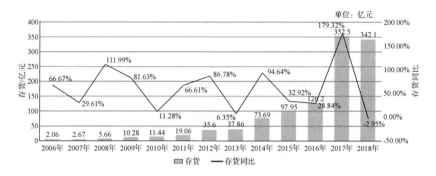

图 14-3　康美药业的存货（数据来源于该公司历年年报）

第六,现金流质量不高。

康美药业的销售商品、提供劳务收到的现金从 2006 年至 2018 年分别为 9.38 亿元、14.67 亿元、19.16 亿元、26.45 亿元、35.62 亿元、66.19 亿元、119.9 亿元、143.1 亿元、178.3 亿元、193.7 亿元、239.3 亿元、184.7 亿元、210.5 亿元,收现比分别为 1.14、1.13、1.11、1.11、1.08、1.09、1.07、1.07、1.12、1.07、1.11、1.05、1.09。收现比平均为 1.1,表明每实现 1 元钱的收入能带来 1.1 元的现金流入,从数值来看接近均值。我们需要知道的是,一般情况下,收现比数值越大表明公司销售收现能力越强,销售质量越高。而销售收现比率大于 1 时,表明本期收到的销售现金大于本期主营业务收入,不仅当期销售全部变现,部分前期应收款项也被收回,说明应收账款的质量很高,这种状况应与应收款项的下降相对应。很显然,康美药业的应收账款是持续增长的状况,表明现金和应收账款不真实的可能性极大。

接着统计康美药业自上市以来 2001—2018 年累计实现的净利润为 180.3 亿元,经营活动产生的现金流量净额为 -1.5 亿元,净利润里竟然没有现金流含量?! 如果一家上市公司长期存在经营性净现金流与其净利润相背离的情况,就需要拉长周期去看,通常情况下,其经营性净现金流基本上应与净利润一致,如果还是背离很大,那么它的财务报表的真实性就十分可疑了。

第七,激增的在建工程和固定资产。

我们说过,财务中有个恒等式是:资产=负债+所有者权益,那么负债的增加必然使资产增加,或者是所有者权益下降,这样才能保持平衡。我们来看康美药业的非流动资产情况,它的固定资产从2007年开始持续高速增长,从2007年的7.2亿元增长到了2018年的89.5亿元。在建工程同样处于激增状态,从2007年的1.54亿元增长到了2018年的29.87亿元,其中2008年和2017年的同比增长速度更是达到了211.16%和609.68%。在建工程的增长速度远远大于固定资产的增长速度,表明康美药业可能通过虚增固定资产和在建工程来虚增资产,并可能存在通过操纵在建工程转入固定资产的时间来调节利润。

固定资产的持续投入势必需要大量的资金支持,查看该公司的自由现金流可知,自2001年上市以来,可供其自由支配的现金流长期为负,表明其长期以来通过经营活动不能为其提供充足的资本支出支持,特别是2017年和2018年,经营活动产生的现金流量净额尚不能为正,显然靠经营活动无法完成这些资产支出,那就可能预示着企业是在借钱维持着投资行为。因为要保证持续不断的资金投入,在自身经营不能获取足够的现金的时候,就只能靠外部融资的方式来实现了。

第八,疯狂的募资行为。

自 2001 年 3 月上市以来,康美药业累计成功增发 3 次,累计实际募资总额为 96.52 亿元。累计成功配股 1 次,累计实际募资总额为 34.70 亿元。2014 年发行优先股 30 亿元,股权融资 161.22 亿元,加上首发的 2.26 亿元,累计股权融资 163.48 亿元。2018 年年报显示报告期内还有 4 只债券,2011 年 1 只 25 亿元、2015 年的 1 只 24 亿元、2018 年两只共计 35 亿元,合计 84 亿元。上市至今,康美药业累计债券融资已超过 500 亿元。这还不包括银行等金融机构的借款融资。另外其持股 31.91% 的第一大股东康美实业投资控股有限公司,将手中股票质押比例达 99.53%。

分析到这里,基本可以肯定康美药业的财务报表真实性不高了,其造假违规的方式我们也都提过。从应收账款的异常一步步往下分析,可以发现这些指标以及数据都是在相互印证的。通过指标间的相互关系发现异常,然后进一步分析这些异常是否合理,这就是我们分析的方法。实际上,2019 年 4 月康美药业公布的 2018 年经审计的审计报告已经被其所聘用的会计师事务所出具了保留意见的审计报告,而证监会在 2019 年 5 月也公布了对康美药业的调查结果:"康美药业披露的 2016 至 2018 年财务报告存在重大虚假,涉嫌违反《证券法》第 63 条等相关规定。一是使用虚假银行单据虚增存款,二是通过伪造业务凭证进行收入造假,三是部分资金转入关联账户买卖本公司股票。"

其实财务报表分析的过程就是查看有没有异常,然后针对发现的异常进行"扫雷"的过程。如果"异常情况"实际上符合逻辑,则排除"地雷"，如果不符合逻辑，则大概率就是"地雷"了。就像康美药业，我们只是发现它存在货币资金很多却还要去举债的问题，然后去尝试解释这种原因的合理性，如果可以解释，则跳过这个异常，如果不能解释，则会带出其他的异常。就像一个谎言要靠更多的谎言去掩盖一样，一份造假的财务报表，也需要更多的虚假去掩盖。